本书受到首都经济贸易大学
新入职青年教师科研启动基金资助（XRZ2023004）

中国公司汇率风险敞口研究

刘尔卓　著

中国金融出版社

责任编辑：明淑娜

责任校对：卓　越

责任印制：陈晓川

图书在版编目（CIP）数据

中国公司汇率风险敞口研究／刘尔卓著． —— 北京：中国金融出版社，2025.2． —— ISBN 978 - 7 - 5220 - 2683 - 1

Ⅰ．F832.51

中国国家版本馆 CIP 数据核字第 2025G9U713 号

中国公司汇率风险敞口研究

ZHONGGUO GONGSI HUILÜ FENGXIAN CHANGKOU YANJIU

出版 发行	中国金融出版社

社址　北京市丰台区益泽路 2 号

市场开发部　（010)66024766，63805472，63439533（传真）

网上书店　www.cfph.cn

　　　　　　（010)66024766，63372837（传真）

读者服务部　（010)66070833，62568380

邮编　100071

经销　新华书店

印刷　涿州市般润文化传播有限公司

尺寸　169 毫米 × 239 毫米

印张　13

字数　170 千

版次　2025 年 2 月第 1 版

印次　2025 年 2 月第 1 次印刷

定价　48.00 元

ISBN 978 - 7 - 5220 - 2683 - 1

如出现印装错误本社负责调换　联系电话（010）63263947

前　言

经历 2005 年和 2015 年两次汇率制度改革后，人民币汇率的市场化形成机制日益完善。人民币对美元及其他世界主要国家的汇率由最初的固定汇率，转向单向升值，进而转向双向波动，由此，有管理的浮动汇率制度在我国初步形成。与此同时，人民币汇率的双向变动使中国公司的境外经营和境外投资承担额外的风险，仅在国内经营的公司也可能由于产业链的传递效应以及与进出口公司之间的竞争效应而间接暴露于汇率风险之中。长期的固定汇率制度和单向升值的汇率走势让部分企业既缺乏对汇率风险的清醒认识，也缺乏使用经营对冲和衍生品对冲手段管理汇率风险的能力，甚至有部分企业放弃了风险中性原则，错误使用外汇衍生工具，从事外汇投机，或在外汇衍生工具的保护下，过度承担风险。这些行为使企业价值更多地暴露于汇率风险之中。

公司价值相对汇率变动的敏感性被称为公司的汇率风险敞口（Adler and Dumas，1984）。既有的研究集中于发达国家和新兴市场国家公司汇率风险敞口的决定因素和对冲机制的分析（Stulz，1984；Bartram et al.，2010；He et al.，2021a）。然而对于汇率风险敞口微观经济后果的研究，现有文献鲜有涉及。考虑到极端的汇率变动事件发生的可能性较低，汇率风险敞口对公司日常经营和融资产生的持续性经济后果是更加值得关注的问题。

我国公司的主要直接融资方式有两种，分别是股权再融资和债券融资。从理论来看，公司的汇率风险敞口影响了公司价值，公司价值将影响公司的融资成本。从现实来看，如果公司的汇率风险敞口被资本市场上的投资者计入公司的股权再融资成本和债券发行成本中，公司就更加有理由在日常的生产和经营中加强对汇率风险敞口的管理，寻找降低公司汇率风险敞口的方法。这为实体企业从汇率风险管理的视角降低综合融资成本提供新的思路。

本书详细地总结和归纳了汇率风险敞口的理论推导基础和实证计算方法，借助图像方法直观展示了人民币汇率指数以及汇率风险敞口的变动趋势，并比较了不同估计方法下不同估计频率下汇率风险敞口的走势和显著性差异。本书着重关注汇率风险敞口对公司微观层面不同种类融资成本的影响，具体采用理论分析、图像分析和实证检验的方法证明了汇率风险敞口增加了公司的股权再融资折价和公司债风险溢价。

从学术贡献角度看，首先，本书检验了宏观汇率风险的微观传导路径。汇率对不同类型公司的价值产生差异化影响，进而影响公司的融资行为。这样的研究丰富了宏观风险的微观传导机制研究，有效补充了汇率风险敞口的微观经济后果领域的相关文献。其次，本书基于股权投资者和债券投资人的特点，从信息披露和利益冲突视角针对汇率风险敞口对公司不同种类融资成本的影响进行了解释。具体地，股权投资者和债券投资者是公司信息的外部人，汇率风险敞口分别经由大股东和中小股东的利益冲突以及股东和债权人的利益冲突作用到公司的股权再融资和债券融资成本上。

从方法上看，本书有效借助外生冲击、Heckman 选择模型，识别了汇率风险敞口与两类融资成本间的因果关系。这些问题的解决将极大丰富汇率风险敞口微观经济后果领域的相关文献，具有一定的学术理论价值。

本书丰富了融资成本领域的定价因子，为企业基于汇率风险敞口视角降低融资成本提供了思路，为企业使用金融手段和经营手段管理汇率风险敞口找到了现实依据，为投资者监控资金流向和警惕汇率风险敞口下借款人的"机会主义"行为提供了合理建议，为监管机构优化改革融资制度提供了理论支持，为宏观层面推进人民币国际化改革提供了微观依据。

本书以文献回顾和实证分析为主要手段，结合适当的图像分析和理论模型进行解释，详细分析了汇率风险敞口对公司两类融资成本的影响。在此基础上，本书测算了公司债券汇率风险敞口，创新性地构建了加权平均汇率风险敞口。具体地，全书共分为七章。

第 1 章是导论，阐释全书的研究背景、研究问题、研究意义和研究方法，并介绍全书的主要研究内容、全书结构以及创新性。

第 2 章是对既有文献的综述和整理。本章详细总结了全书所提到的关键概念，以及汇率风险敞口的实证测量方法，综述了两类融资成本的决定因素，并且将汇率风险敞口的文献分别与两类融资成本的文献相联系。首先，本章介绍了汇率风险敞口、不确定性、信息不对称、股东和债权人利益冲突及大股东和中小股东利益冲突的相关定义。其次，本章解释了汇率变动率的计算方法、汇率风险敞口的测算方法。再次，本章详细总结了公司股权再融资折价和公司债风险溢价影响因素的理论文献。最后，本章综述了汇率风险敞口影响公司股权再融资折价和公司债风险溢价的相关文献，并对相关文献进行了评述和总结。

第 3 章是资本市场融资与汇率风险敞口的基本情况。本章基于描述性统计和图形分析，描述公司的资本市场融资规模和融资成本的时序变动，并且将基于图形间的基本关系阐述汇率风险敞口和公司不同种类资本市场融资成本的关系。

第4章是关于汇率风险敞口与股权再融资折价的研究。本章实证检验了汇率风险敞口与公司股权再融资折价和股权再融资规模的关系，并且检验了信息披露对汇率风险敞口和股权再融资折价的调节效应。本章还提供了汇率风险敞口对股权再融资时累积平均超额收益率、发行费用和发行预案通过率影响的实证证据。本章基于融资融券制度和第二类委托代理冲突分析了汇率风险敞口和股权再融资折价之间的潜在机制。最后，本章借助"8·11汇改"和Heckman选择模型对本书的因果关系和选择性偏误进行了识别和处理。本章的结果表明汇率风险敞口每增加1个标准差将使公司额外承担1.63%的股权再融资折价。在更高的信息不对称程度下，公司在相同的汇率风险敞口下将承担更高的股权再融资折价。公司股价被高估时，公司将利用"择时"发行来掩盖汇率风险敞口，从而获得更大的融资规模。其他的实证结果表明，汇率风险敞口将导致股权再融资时面临更低的累积平均超额收益率，更高的发行费用和更高的发行预案失败概率。被选为融资融券标的的公司，在相同的汇率风险敞口下承担更低的股权再融资折价。大股东与中小股东利益冲突激烈的公司，在相同的汇率风险敞口下将承担更高的股权再融资折价。"8·11汇改"后，公司在相同的汇率风险敞口下将承担更高的股权再融资折价。

第5章是关于汇率风险敞口与公司债风险溢价的研究。本章实证检验了汇率风险敞口与公司债风险溢价和公司债预期违约概率的关系，并且检验了公司信息披露、境外业务收入、子公司投资、外汇衍生品使用对汇率风险敞口和公司债风险溢价的调节效应。本章还检验了公司汇率风险敞口对公司债发行溢价和债务危机下的公司价值损失的影响。本章基于股东和债权人的利益冲突对汇率风险敞口和公司债风险溢价的关系进行了机制解释，并且借助"8·11汇改"识别了汇率风险敞口和公司债风险溢价的因果关系。本章的结果表明汇率风险敞口每增加1个标准差将使公司债的风险溢价增加5个基点，同时也将增加公司的预期违约概率。公司更高质量的信息披露将使公司债在相同的汇率风险敞口下承担更低的风险溢价。公司的境外业务收入、子公司投资和外汇衍生品使用无法调节汇率风险敞口和公司债风险溢价的关系。其他的实证证据表明，汇率风险敞口将显著增加公司债的发行风险溢价，将使公司在债务危机时承担更严重的公司价值损失。汇率风险敞口将激化股东和债权人的利益冲突使公司承担更高的公司债风险溢价，进行更多的非效率投资。"8·11汇改"后，相同的汇率风险敞口使公司在相同的汇率风险敞口下承担更高的公司债风险溢价。

第6章聚焦于公司债券层面的汇率风险敞口问题。首先，本章测算了公司债券汇率风险敞口，并且提出了公司加权平均汇率风险敞口的概念，在此基础上进一步探究公司加权平均汇率风险敞口的决定因素，以及公司债券汇率风险敞口对公司债券价格的影响。相关结果表明，公司普遍存在一定程度的公司债券汇率风险敞口，且公司债券汇率风险敞口小于公司股票汇率风险敞口。公司债券汇率风险敞口呈现行业分布的异质性，卫生和社会工作业，信息传输、软件和信息技术服务业以及文化、体育和娱乐业等具有较高的公司债券汇率风险敞口；而教育业和居民服务、修理和其他业的公司债券汇率风险敞口相对较低。不同市场的公司债券汇率风险敞口也表现出异质性特征，深圳证券交易所的公司债券汇率风险敞口最高、银行间市场的公司债券汇率风险敞口次之、上海证券交易所的公司债券汇率风险敞口最低。利用公司债券汇率风险敞口和股票汇率风险敞口可以构建公司加权平均汇率风险敞口。在公司债券汇率风险敞口的影响因素上，公司债券的发行规模、期限，公司第一大股东持股比例与公司债券汇率风险敞口正相关；而公司信用评级，国有属性，资产负债率和营业收入增长率与公司债券汇率风险敞口负相关。在经济影响上，相对于公司股票汇率风险敞口，公司债券汇率风险敞口对公司债券风险溢价的影响能力相对较弱。

　　第 7 章是对全书的总结和分析。首先，本章回顾了全书的主要论证内容、主要使用的论证方法，并且重新总结了汇率风险敞口影响两类融资成本所涉及的投资者差异、信息披露程度和利益冲突类型。其次，本章总结了全书的主要结论，包括汇率风险敞口对股权再融资折价和公司债风险溢价的影响和作用机制等关键结论。最后，本章分别针对公司层面，债券投资者和股权投资者层面，监管机构层面，国家汇率制度改革层面和人民币国际化层面提供了政策建议。

　　关键词：汇率风险敞口；股权再融资折价；公司债风险溢价；债券汇率风险敞口

目　　录

表目录

图目录

第1章 导　　论

1.1　研究背景和意义

1.1.1　研究背景

1. 公司汇率风险

2005 年 7 月 21 日，中国人民银行发布《关于完善人民币汇率形成机制改革的公告》，我国正式开始实施以市场供求为基础的、有管理的浮动汇率制度。2015 年 8 月 11 日，中国人民银行发布《关于人民币兑美元汇率中间价报价的声明》，人民币兑美元中间价在参考银行间外汇市场的收盘价的基础上，综合考虑市场供求和主要货币汇率变动形成。其中，根据两次"汇改"的时间，前者被称为"7·21 汇改"，后者被称为"8·11 汇改"。经过两次"汇改"，人民币汇率出现了由固定到浮动，由单向升值到贬值趋势下的双向波动的转变。

在此背景下，进行境外经营、境外投资的中资公司面临更加复杂的汇率风险。从总量上看，截至 2020 年 12 月，据海关总署统计，中国对外进出口贸易总额已达到 46534 亿美元；而根据 2019 年底商务部的数据，中国对外投资金额达到 44000 亿美元；而另据国家外汇管理局的数据，至 2020

年 12 月底，我国外币债务余额已达 24008 亿美元。巨大的总量下，汇率的微小变动将使中资企业的境外收入、投资和债务状况发生巨大变化。因此，外汇波动将同时在贸易、投资和债务三个方面，使我国的涉外主体遭受重大风险。

从微观上看，"8·11 汇改"后，我国公司已经具有防范汇率风险的意识，但是公司防范汇率风险的方式仍以被动管理为主，主动管理汇率风险的能力相对较弱，因汇率风险造成公司股价异常变动，期间费用上升，利润下降的事件时有发生。2019 年年报显示，中国航空、中国东方航空和中国南方航空的净汇兑损失分别达到了 12.11 亿元、9.49 亿元和 14.72 亿元，分别占当年财务费用的 19.63%、15.01% 和 19.88%。而基于公司净利润和所有者权益对汇率波动的敏感性考虑，汇率波动将同时影响公司净利润和外币债务的价值。对于汇率风险的管理，大部分公司采取事后使用金融衍生工具的方式，缺乏事前主动匹配境外收入和境外负债的意识。国家外汇管理局局长潘功胜就曾在 2021 年的陆家嘴论坛上强调：企业在经营过程中，应当避免汇率风险管理中的"顺周期"行为，坚持"风险中性"原则。因此，认识微观企业的汇率风险，度量汇率波动对公司价值的影响程度，计算公司的汇率风险敞口，分析汇率风险敞口的微观经济后果，具有重要的经济意义。

2. 股票再融资改革

1993 年，《股票发行与交易管理暂行条例》发布，它标志着我国股权再融资市场的正式建立。其中，1993—1998 年，公司主要通过配股进行股权再融资。1998 年后，公司开始以公开增发的方式进行股权再融资。2006 年后，定向增发开始成为公司重要的股权再融资方式。根据 Wind 数据库统计，自 2005 年股权分置改革开始，至 2019 年，上市公司通过增发和配股共计募集资金 89610 亿元，而同期公司上市的融资规模仅为 27450 亿元，前者约为后者的 3.26 倍。2020 年底，中国证监会相关会议指出，2021 年应积极改善融资结构，促进再融资常态化。因此，股票再融资已经成为上市公司重要的直接融资手段（Allen et al.，2012）。

然而，股票增发特别是定向增发具有较多的不确定性信息，公司大股东和中小投资者之间的信息不对称程度较高。公司在增发期间隐藏项目风险，操作违规，大股东违规减持，财务造假的案例屡见不鲜。例如，2016年4月，A股上市公司三友化工大股东涉嫌操纵董事会表决，违规增发。2020年，证监会对上市公司康美药业财务造假事件进行了处罚。该公司在2016年涉嫌虚增银行存款和公司收入，以获得8.10亿元的定增融资。上述违规行为导致了公司在进行股权再融资时将承担额外的折价成本。

公司的汇率风险敞口将增加公司价值的不确定性，这将导致大股东相较于中小投资者在相同的汇率波动下承担更大的损失。这强化了大股东"择时"增发，以及在增发后"掏空"股权融资的动机。而预期到大股东机会主义行为的中小投资者，在公司增发时将给予公司更高的增发折价。因此，汇率风险敞口推高了公司股权再融资成本，阻碍了公司进行资本市场融资。

3. 信用债务危机

2014年的超日债违约事件实质性打破了信用债的刚性兑付。2014—2020年，中国信用债市场的违约事件数量由最初的6件上升到了788件。特别地，2020年11月10日，永城煤电发行的超短融资券的实质性违约事件成为了第一笔国企债券违约的风险事件。该事件造成永城煤电以及其他同类型企业的存续债券高达80%~90%的日内跌幅。2021年，受货币政策和房地产融资政策收紧的影响和疫情对航空服务业的冲击作用，华夏幸福、海南航空等企业均出现百亿元债券违约。2021年5月，国务院金融发展委员会第五十一次会议强调："加强金融风险全方位预警""着力降低信用风险"。

与此同时，2021年初至今，人民币大幅升值，我国外贸企业因汇率波动产生了较大的汇兑损失。特别是对于中小外贸企业，它们缺乏大型外贸企业的提价、锁汇和套期保值对冲风险的能力。在频繁的汇率波动下，这类小型外贸企业只能被动承担汇率风险，或者取消海外订单，或者自行承担汇率变动的利润损失。汇率变动加大了我国相关企业的违约风险，这将降低对应债券的价格，提升相应的信用风险溢价。公司的汇率风险敞口将增加公司的债券融资成本。

2020 年 12 月，证监会领导在涉及提高直接融资比重的相关讲话中强调，"十四五"期间将推进债券市场创新发展，完善债券发行注册制。① 既然汇率风险敞口将提升债券的到期收益率，增加债券的违约风险。弄清企业汇率风险敞口与债券融资成本的关系，合理管控企业的汇率风险敞口，将有利于降低企业的债券融资成本，提高债务融资效率。

1.1.2 研究意义

经历 2005 年和 2015 年的两次主要的汇率制度改革后，人民币汇率逐渐表现出双向波动、弹性增强的特征，越来越真实地反映出外汇市场人民币真实的供求状况。在汇率变动不确定性提升的背景下，汇率将被更加清晰地反映到公司股票价格的变动上，越来越多的公司表现出显著的汇率风险敞口。目前对于中国公司的汇率风险敞口的研究主要集中在汇率风险敞口的决定因素，产业竞争与公司层面的汇率风险敞口等领域。但是相较于汇率风险敞口的决定因素，公司层面汇率风险敞口的微观经济后果是更加值得研究的实证问题。一方面，汇率风险敞口反映了汇率波动下，公司价值的变动幅度。因此汇率风险敞口能否对公司日常的经营和融资行为造成影响是重要的实证问题。另一方面，如果汇率风险敞口影响公司价值进而影响融资成本的机制成立，那么对汇率风险敞口决定因素和管理手段的研究将更加具有实际意义。

---

① http：//www.csrc.gov.cn/csrc/c100028/c1444754/content.shtml.

股权再融资是上市公司重要的直接融资渠道。然而，目前股权再融资通常面临着平均约占总融资额度 10% 的再融资折价。公司在参与境外经营后，新增的汇率风险增加了公司价值的不确定性，提升了大股东和外部投资者的信息不对称程度，增加了大股东择时发行和事后侵犯中小投资者利益的代理行为。这将导致公司承担更高的再融资折价、更高的发行失败风险和更高的发行费用。这方面的实证证据将从权益类融资角度证明管控公司汇率风险敞口的必要性。

债券融资也是公司重要的直接融资渠道。信用债刚性兑付被打破后，二级市场的到期收益率溢价和一级市场的发行收益率溢价迅速上升，公司的信用风险被更加有效地反映到债券价格中。汇率风险敞口作为影响公司信用风险的重要因子将被更加有效地包含在债券的价格中。正确管理公司的汇率风险敞口将降低公司债券的风险溢价，并将降低相应公司在信用债风险事件期间的价值损失。

因此，本书的研究清晰地厘清公司层面汇率风险敞口与直接融资和间接融资成本之间的关系。在理论层面上，本书从微观层面大股东和中小股东以及股东和债权人的信息不对称和利益冲突视角，分析了汇率风险敞口影响公司融资成本的潜在机制。在现实层面上，本书分析了汇率风险敞口这一定价因子在权益再融资成本和债券融资成本中的作用大小。这将帮助股权投资者和债券投资人正确地为汇率风险敞口定价。更重要的是，本书为企业从汇率风险敞口、信息披露和公司治理视角降低融资成本提供了思路。

1.2　研究问题和研究方法

1.2.1　研究问题

汇率制度经历由固定走向浮动，由官方定价走向市场化报价的改革后，公司价值受汇率波动的影响程度迅速增加，汇率风险敞口显著上升。然而，既有文献主要集中在汇率风险敞口的决定因素方面，对汇率风险敞口的微观经济后果的研究较少。汇率风险敞口较高的公司除了在汇率剧烈波动时遭受更大的价值波动，在日常的经营中是否承担额外的融资成本是重要的研究问题。具体地，本书主要解决以下几个方面关键问题。

（1）探究汇率风险敞口是否会增加股权再融资和债券融资的融资成本。本书基于人民币汇率指数计算出公司层面的综合汇率风险敞口。本书实证检验了汇率风险敞口是否会增加公司股权再融资折价率和债券的到期收益率溢价。此外，本书借助汇率制度改革等外生冲击识别汇率风险敞口与股权再融资成本和债券融资成本之间的因果关系。

（2）从不确定性和信息不对称角度解释汇率风险敞口增加融资成本的潜在机制。境外经营、境外投资和衍生品使用属于公司的内部信息，它们增加了公司价值的不确定性。同时，股权和债券投资者通常是公司信息的"外部人"。本书将探究公司的境外经营、境外投资和衍生品使用是否差异性地影响汇率风险敞口和不同类型融资成本的关系。本书还将探讨公司不同水平的信息披露是否差异性地影响汇率风险敞口和不同类型融资成本的关系。

（3）基于不同融资方式下的利益冲突解释汇率风险敞口增加融资成本的原因。股权再融资和债券发行涉及大股东和外部中小股东、股东和债权人之间的利益冲突。本书将探究不同类型的利益冲突是否是汇率风险敞口影响公司融资成本的潜在机制。

1.2.2 研究方法

第一，文献综述法。其一，整理现有汇率风险敞口计算方法、决定因素和微观经济后果的相关文献，明确本书核心解释变量的计算方法，并梳理既有研究成果；其二，综述影响公司股权再融资成本、债券到期收益率的已有文献，寻找汇率风险敞口与影响公司融资成本传统因素的联系；其三，综述不确定性和信息不对称影响公司融资成本的经典文献，理解汇率风险敞口通过不确定性和信息不对称影响融资成本的作用机制；其四，综述大股东和中小投资者以及股东和债权人利益冲突的经典文献，理解汇率风险敞口下，股东实施资产替代和侵犯中小股东利益等机会主义行为的动机；其五，综述中国涉及股票交易制度改革和汇率制度改革的相关文献，借助这些外生冲击研究汇率风险敞口和公司融资成本的因果关系。

第二，实证研究法。根据全书不同部分的需要，选择不同的模型设定和研究设计，综合运用事件研究法和 Heckman 选择模型，实证检验汇率风险敞口与融资成本的关系。其一，按照 CFETS 标准构建综合人民币汇率指数，发达国家货币人民币汇率指数，发展中国家货币人民币汇率指数。使用 Jorion（1990）模型估计综合汇率风险敞口、发达国家汇率风险敞口和发展中国家汇率风险敞口。其二，使用保留符号的汇率风险敞口或者绝对值变换后的汇率风险敞口实证检验汇率风险敞口与公司股权再融资成本和债券融资成本的关系。其三，将公司涉外事项指标、信息披露指标和利益冲突指标作为调节效应，检验不同情形下，汇率风险敞口对融资成本的差异性影响。其四，使用汇率制度改革、利率市场化改革等外生冲击，构建交乘项说明汇率风险敞口和融资成本的因果关系。其五，使用 Heckman 两阶段估计方法确保本书主要实证结果的稳健性，同时消除可能存在的选择性偏误。

1.3　主要内容与全书结构

第 1 章为导论。

第 2 章为文献综述。这部分首先对本书提到的关键概念，包括汇率指数、汇率风险敞口的定义和度量方法，以及汇率风险敞口的符号含义进行解释；接下来，总结影响公司股权再融资成本的决定因素，并着重辨析了与汇率风险敞口相关联的两个概念——不确定性与大股东和中小股东之间的利益冲突；之后，综述影响公司债到期收益率的主要因素，并讨论了汇率风险敞口引发的不确定性和股东和债权人的利益冲突。

第3章是资本市场融资与汇率风险敞口的基本事实。本章基于描述性统计和图形分析，描述公司的资本市场融资规模和融资成本的时序变动，并且基于图形间的基本关系阐述汇率风险敞口和公司不同种类资本市场融资成本的关系。

第4章为汇率风险敞口与股权再融资折价。本章研究了汇率风险敞口与股权再融资折价的关系。本章基于不确定性、代理成本和"优序融资理论"对汇率风险敞口和股权再融资折价之间的潜在机制进行了讨论。研究发现：汇率风险敞口将增加公司的股权再融资折价。"优序融资理论"下，信息不对称程度的增加将使公司在相同汇率风险敞口承担更高的股权再融资折价；汇率风险敞口增加了公司价值的不确定性，增加了大股东"择时"发行的动机。其他证据表明，汇率风险敞口增加了权益再融资的发行费用和发行失败的概率。融资融券制度降低了汇率风险敞口的再融资折价，第二类代理冲突增加了汇率风险敞口的再融资折价。"汇改"后，汇率风险敞口导致更高的再融资折价。因此，公司应当提升信息披露的质量，设置合理的股权结构，提升管理汇率风险敞口的能力，以降低汇率风险敞口的股权再融资折价。监管部门则应当扩大融资融券标的的范围和规模，从而帮助企业降低股权再融资成本。

第5章为汇率风险敞口与公司债的风险溢价。本章研究了汇率风险敞口与公司债风险溢价的关系。本章构建了公司的预期违约概率的度量指标并探究了汇率风险敞口与预期违约概率的关系。同时，本章从信息披露以及股东和债权人利益冲突角度对汇率风险敞口和公司债风险溢价的潜在机制进行了解释。研究结果表明，汇率风险敞口将增加公司债的风险溢价，增加公司债的预期违约概率。债券投资者是公司信息的外部人，公司的境外收入、子公司投资和衍生品使用无法影响汇率风险敞口和债券风险溢价的关系。汇率风险敞口将导致公司在债务违约事件下承受更大的价值损失。信息披露质量更高的公司在面临汇率风险敞口时承担更低的风险溢价；股东和债权人利益冲突较严重的公司，汇率风险敞口的债券风险溢价较高。因此，公司应当同时从管理汇率风险敞口和增加信息披露两个方面入手，降低公司债的风险溢价；监管部门应当约束大股东对债权人的利益侵占行为；债券投资者应当在资金募集时增加相应的限制条款，以抑制大股东的利益侵占。

第 6 章聚焦于公司债券层面的汇率风险敞口问题。通过实证研究方法，本章实际测算了债券层面的汇率风险敞口，并对其在不同行业、不同债券市场的分布特征进行了细致描述和深入分析。研究发现，公司债券的汇率风险敞口呈现出显著的异质性特征。不同行业的公司债券面临的汇率风险敞口存在明显差异，这可能与各行业的经营特点、国际化程度以及所处的竞争环境等因素密切相关。同时，不同债券市场交易的公司债券汇率风险敞口也存在一定的差异，这可能与不同债券市场的交易规则、投资者结构等因素有关。

第 7 章为本书的总结和政策建议。第一，本章总结了全书三个主要章节的结论，同时比较了汇率风险敞口对股权再融资成本和债券风险溢价的影响机制；第二，结合本书的主要结论，从微观层面上的管控措施和宏观层面上的人民币国际化两个角度，提出降低公司汇率风险敞口的主要思路；第三，基于公司治理角度提出缓解公司内部股东和债权人利益冲突、大股东和中小股东利益冲突进而降低汇率风险敞口的思路；第四，提出公司债券汇率风险敞口和加权平均汇率风险敞口的概念；第五，提出汇率风险敞口微观经济后果和未来可能的研究方向。

本书的研究路线图如下。

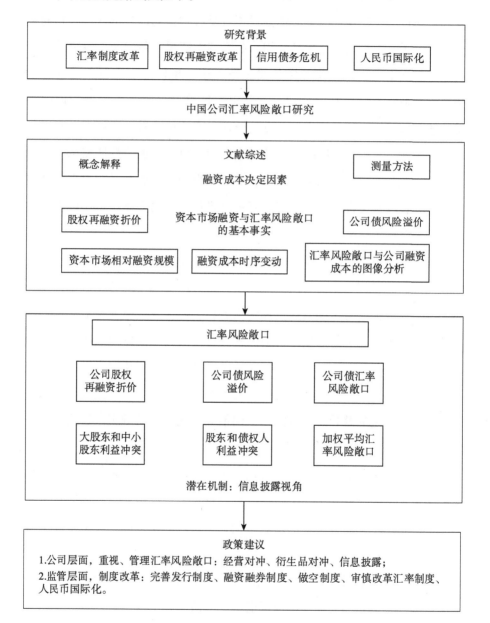

图 1.1　本书技术路线图

1.4　创新性

首先，本书首次研究了中国公司汇率风险敞口的微观经济后果。我国汇率制度改革后，汇率风险造成公司价值的剧烈波动，增加了公司境外业务收入和投资的不确定性，越来越多的理论文献开始关注汇率风险敞口的决定因素和管理手段。但目前尚未有文献检验汇率风险敞口的微观经济后果，特别是汇率风险敞口是否会影响公司的融资成本。实证结果表明：公司层面的汇率风险不但会对公司价值产生直接影响，而且会被其他的微观主体感知，进而对其融资行为形成间接影响。本书揭示了汇率风险敞口影响公司融资成本的作用机制，完善这一领域的研究。

其次，本书缓解了关于汇率风险敞口和公司融资成本研究中的内生性问题。本书基于不同的人民币汇率指数，采用了不同的估计方法，计算了不同层次和不同估计方式下的汇率风险敞口。同时，参考经典文献，准确计算出股权再融资折价、公司债信用风险溢价和预期违约概率等度量指标，丰富了汇率风险敞口影响融资成本的实证证据。此外，本书借助中国特有的汇率制度改革等外生冲击，识别了汇率风险敞口与公司融资成本间的因果关系。

再次，本书基于不确定性、信息不对称和公司内部的利益冲突解释了汇率风险敞口影响融资成本的潜在机制。汇率风险敞口增加了公司价值的不确定性。在信息不对称程度较高的公司，外部投资者无法了解公司的真实涉外经营投资和风险管理状况。在汇率风险敞口下，信息不对称诱发了公司内部人侵占外部人利益的代理行为，激化了股东和债权人以及大股东和中小股东的利益冲突。在上述三个机制的共同作用下，汇率风险敞口提高了公司层面的融资成本。

最后，本书测算了中国公司债券层面的汇率风险敞口，并且结合公司股票汇率风险敞口和债券汇率风险敞口构造了加权平均汇率风险敞口。这有利于理论界和实务界加深对公司层面汇率风险敞口的理解，并基于更加综合的指标对公司层面汇率风险开展监测和风险防范。此外，本书还详细分析了不同行业公司汇率风险敞口的差异，以及债券层面因素和公司层面因素对公司层面汇率风险敞口的影响，这有利于不同行业不同类型的公司针对汇率风险敞口制定差异化的风险对冲策略。

第 2 章　文献综述

2.1　关键概念解释

2.1.1　汇率风险敞口

汇率风险敞口通常被定义为公司现金流或公司价值相对汇率变动的敏感性（Adler and Dumas，1984；Jorion，1990）。汇率风险敞口是公司汇率风险的一部分。如 Hekman（1985）所述，公司价值因汇率变化而发生的变动被称为汇率风险。汇率风险取决于汇率的变动率和公司价值相对汇率变动率的敏感性。后者即是本书所定义的汇率风险敞口。

公司存在三种形式的汇率风险敞口：经营性汇率风险敞口、交易性汇率风险敞口和折算性汇率风险敞口。经营性汇率风险敞口指汇率变动下，公司收入和成本随汇率变动而导致的公司价值波动。交易性汇率风险敞口指汇率变动导致公司合约价值变化而导致公司价值的波动。折算性汇率风险敞口指汇率变动下，公司境外业务发生日期与会计计量日期的差异而导致公司价值的变动（Shapiro，2009）。其中，前两者被称为经济性汇率风险敞口，最后一个被称为会计性汇率风险敞口。以上三种汇率风险敞口通常难以分解，三种汇率风险敞口的综合作用引起公司价值发生变动。

在实际计算公司汇率风险敞口时，直接计算公司价值相对汇率变动的敏感性相对困难。Adler and Dumas（1984）和 Jorion（1990）假设公司债务价值不随汇率波动而改变，或者因汇率变动而导致公司债务价值变动最终全部由所有者权益价值承担。因此，设公司价值为 V，所有者权益价值为 E，可得：

$$\frac{dV}{V} = \frac{dE}{E} \qquad (2-1)$$

在度量所有者权益价值变动时，上述两篇文献假设公司发行股数不变。同时，公司股价会收敛于每股所有者权益的真实价值。因此，可以用公司的股价变动率作为公司所有者权益价值变动率的无偏估计，即有：

$$\frac{dV}{V} = \frac{dE}{E} = \frac{dP}{P} \qquad (2-2)$$

而 $\frac{dP}{P}$ 为公司股价的收益率 r。因此，公司价值相对汇率变动率 $\left(\frac{dS}{S}\right)$ 的敏感性可以使用股价收益率相对汇率变动率的敏感性来表示，即可以使用如（2-3）式的线性回归式来度量公司层面的汇率风险敞口。β 即为汇率风险敞口的测量值：

$$r = \alpha + \beta \frac{dS}{S} + \varepsilon \qquad (2-3)$$

2.1.2 不确定性

不确定性被定义为经济决策主体无法准确判断未来经营收益和成本的状态和分布（Knight，1921）。宏观变量是不确定性的重要来源，如未预期的利率变动和通胀变动均将增加公司经营的不确定性。利率不确定性增加将降低金融中介的负债资产转换行为（Deshmukh et al.，1983），主观的利率不确定性将对整体经济产生持续负向的影响（Istrefi and Mouabbi，2017）；通胀的不确定性将影响利率的不确定性进而影响美国制造业企业的资源配置（Huizinga，1993）；相较于完全信息的市场，通胀的不确定性将给经济带来 40%~50% 的福利损失（Chiu and Molico，2011）。

根据 Jorion（1990）和 Cravino and Levchenko（2017），汇率对于跨国公司而言是不确定性的主要来源，汇率变动幅度约是利率变动幅度的 4 倍和通胀变动幅度的 10 倍。相同的汇率变动下，汇率风险敞口较大的公司，价值波动幅度更大，公司不确定性显著上升。He et al.（2021b）发现处于高汇率风险敞口行业的公司的汇率风险敞口约是处于低汇率风险敞口行业公司的汇率风险敞口的 5 倍。相应地，汇率波动相同的幅度下，前者公司价值变动是后者价值变动的 5 倍。因此，较高的汇率风险敞口将增加公司价值的不确定性，放大汇率变动对公司价值的影响。

2.1.3 信息不对称

信息不对称指参加交易的各方拥有不同数量与交易有关且可以影响交易的信息。通常，相较买方，卖方可能拥有更多与交易相关的信息（Akerlof，1970）。事前的信息不对称将造成逆向选择，事后的信息不对称将引发道德风险。公司信息不对称很大程度受到公司财务信息披露质量的影响（Lee and Masulis，2009）。公司的信息不对称程度可以使用公司股价收益率波动率（Boone et al.，2007）、无形资产的数量（Harris and Riviv，1991）和交易所披露的公司信息透明度指标（辛清泉等，2014）来度量。涉及公司的分析师数量和研究报告的数量是影响公司信息披露水平的重要因素（Kang et al.，2018）。从融资层面上讲，资金供求双方的信息不对称将减少公司的直接融资渠道（Healy and Palepu，2001）。

公司的境外收入、境外子公司投资和外汇衍生品使用情况是公司涉外事项上重要的财务信息（He et al.，2021a；刘青等，2017；王永钦等，2014）。同时，即使公司完全没有直接的境外业务收入，公司客户层面上的汇率风险敞口（例如电力行业公司因向进出口企业供电而遭受汇率风险）和公司之间的竞争关系也可能使公司面临汇率风险敞口（Adler and

Dumas，1984；Hodder，1982）。上述涉外的财务信息、供应链信息和市场竞争信息均属于公司内部的非公开信息（Plumlee et al.，2015）。不同类型的投资者将对这些信息表现有不同程度的了解，这些信息将对不同类型资金成本造成差异化的影响。此外，公司整体的信息披露水平也将影响汇率风险敞口与公司融资成本的关系。

2.1.4　股东和债权人利益冲突

股东和债权人的利益冲突指：财务困境下，股东和债权人的利益目标发生背离，丧失剩余索取权的股东使用自己额外的剩余控制权以损害债权人利益为代价进行低效率投资的行为。这种现象也被称为风险转移或资产替代（Jensen and Meckling，1976；Smith and Warner，1979；Chu，2018）。相关实证证据表明：较高的负债将加重公司过度承担风险的倾向（Green and Talmor，1986）。在公司陷入债务危机的状态下，不确定性较高的公司将进行更多的投资，并且这些投资均负向影响了公司价值（Eisdorfer，2008）。

汇率风险敞口增加了公司股价波动性（Bartram，2004；He et al.，2021a），相应地也就增加了公司价值的不确定性。现有实证研究发现，公司汇率风险敞口较高，公司价值的不确定性上升，陷入财务困境的可能性增加。在这种情形下，股东和债权人的利益冲突将显著增加，股东进行低效率投资可能使自身获得额外收益，却使债权人承担更多的投资风险（Wei and Starks，2013；Huston and Laing，2014）。因此，在汇率风险敞口较高的公司，股东和债权人之间更可能发生利益冲突，股东更可能侵占债权人的利益，降低公司的价值。

2.1.5　大股东和中小股东的利益冲突

大股东和中小股东的利益冲突被定义为：由于公司所有权和现金流权

的分离，公司大股东的利益和公司中小股东或投资者的利益出现不一致，大股东以其他中小股东的利益为代价去谋求自身私利的行为。这也被称为"第二类委托代理问题"（La Porta et al.，1999；Classens et al.，2002）。大股东和中小股东的利益冲突将影响公司的融资成本。Lin et al.（2011）发现大股东的超额控制权使其能够"掏空"上市公司，增加监督成本和信用风险。这些因素增加了公司的债务融资成本。Byun et al.（2013）认为大股东的利益侵占削弱了集团公司共同保险降低债务成本的能力。Boubakri and Ghouma（2010）提出较高的两权分离度将增加债券的风险溢价，并且将降低债券的信用评级。市场参与者有能力感知到事前控股股东的利益侵占风险，当控股股东的"掏空"风险上升或者公司容易被"掏空"时，公司的经营性资产价值会被投资者折价估值（Cheung et al.，2021）。

当公司因汇率波动而遭遇外部冲击时，公司价值不确定性上升，公司大股东承担了汇率变动的主要损失。大股东有动机在后续的经营和融资过程中侵占其他中小股东的利益来弥补自己因汇率变动而形成的损失。Bae et al.（2012）使用模型证明，金融危机期间，公司价值的不确定性上升，公司控股股东的利益侵占行为相应增加。Kang et al.（2010）的实证结果表明公司在遭受外部经济冲击期间，公司控股股东的利益侵占动机显著提升。Lemmon and Lins（2003）使用亚洲金融危机的数据发现，危机减少了公司的投资机会，增加了控股股东的利益侵占，且危机期间两权分离度较高的公司的股价收益较其他的公司低 10% ~ 20%。

2.2　汇率风险敞口的实证测量方法

2.2.1　汇率变动率的计算方法

目前，现有文献主要使用两种方法来测量汇率变动率。其一，使用本国货币相对主要货币（如美元）汇率变动来表示汇率变动率。其二，使用本国货币相对"一篮子"货币的汇率变动表示汇率变动率。

其中，使用双边汇率表示汇率变动率的文献包括：He and Ng（1998）使用了美元和日元的双边汇率的变动率；Bodnar and Wong（2003）使用本外币的双边汇率变动率表示汇率波动；Koutmos and Martin（2003）分别计算了德国马克、日元、英镑、加拿大元和欧洲货币单位的汇率变动；Choi and Jiang（2009）分别使用美元相对日元或英镑的汇率变动率表示汇率变动。

使用汇率指数变动表示汇率波动的文献包括：Jorion（1990）使用了国际货币基金组织提供的 14 种国家双边汇率构建的汇率指数变动率；Allayannis and Ihrig（2001）使用 21 种 OECD 国家货币和 23 种新兴市场国家货币经贸易量加权的汇率指数变动率表示汇率波动。Allayannis and Ofek（2001）使用 18 种 OECD 国家货币经贸易量加权的汇率指数变动率表示汇率波动。Bartram（2004）使用 18 个工业国家、14 个欧洲国家的货币构建了汇率指数，并用该汇率指数的变动率表示汇率波动。Doidge et al.（2006）使用英格兰银行的汇率指数变动率度量汇率波动。Dominguez and Tesar（2006）使用由 6 种欧洲国家货币和 2 种亚洲国家货币组成的汇率指数的变动率。Kim et al.（2006）使用广义货币指数的变动率。Chaieb and Mazzota（2013）计算了 7 种主要经济体货币汇率指数的变动和 19 种其他新兴市场货币的汇率指数变动。Wei and Starks（2013）计算了美联储定义的主要国家货币汇率指数的变动率；Hutson and Laing（2014）使用了美国和其主要贸易伙伴的汇率指数变动率；Francis et al.（2017）分别使用了美国主要贸易伙伴汇率指数变动率、其他重要贸易伙伴汇率指数变动率和广义汇率指数变动率。

在涉及中国公司汇率风险敞口的文献中，He et al.（2021a）既使用了人民币对美元、欧元、港元、日元和英镑双边汇率表示的汇率变动，又使用了以上五种货币构建的汇率指数的汇率变动。He et al.（2021b）主要使用了人民币对美元双边汇率的汇率变动。

将不同种类的双边汇率整合成汇率指数的优势在于简化了对不同种类双边汇率风险敞口的计算，并且避免了同时计算多个双边汇率在计算汇率风险敞口时的共线性问题（Jorion，1990）。因此，本书主要使用中国外汇交易中心构建的人民币汇率指数的变动率来度量人民币的汇率变动情况。

2.2.2　线性汇率风险敞口的测量模型

汇率风险敞口被定义为公司价值变动相对汇率变动的敏感性。早期文献直接使用公司股价收益率对汇率变动率回归估计公司的汇率风险敞口（Adler and Dumas，1984）。少数文献采用这种模型估计汇率风险敞口，如Francis et al.（2017）。具体地，估计模型如（2 - 4）式所示：

$$R_{it} = \beta_0 + \beta_{it} FX_{it} + \varepsilon_{it} \qquad (2-4)$$

其中，R_{it} 为不同期限频率下公司股价的收益率，FX_{it} 为不同期限频率下双边汇率或汇率指数的变动率，β_0 为常数项，ε_{it} 为扰动项，β_{it} 即为不控制市场收益下估计得到的汇率风险敞口。

但是有文献认为，由 Adler and Dumas（1984）估计的公司总汇率风险敞口包括两种效应。一种是由单位汇率变动而引起的现金流现值变动的效应。这种汇率风险敞口是由企业最优化经营来决定的。另一种是由同时影响股价和汇率的其他因素而产生的伪回归效应。其中，影响后者的其他因素包括：无风险利率的变动、市场风险溢价和投资者的情绪，它们可能同时与公司的股价和汇率变动关联，这对正确估计公司的汇率风险敞口形成了干扰。因此，为了控制同时影响股价收益和汇率变动等的其他宏观因素，诸多估计汇率风险敞口的实证模型引入了市场组合的收益。这种模型不仅控制了宏观因素，而且降低了之前模型残差项的方差（Jorion，1990；Bodnar and Wong，2003）。因此，后续绝大多数文献都采用控制收益下，公司股价收益率对汇率变动率的回归系数来表示公司的汇率风险敞口，如 Bartram et al.（2010），Huston and Laing（2014）和 He et al.（2021a）。这种方法下的汇率风险敞口估计模型如（2－5）式所示：

$$R_{it} = \beta_0 + \beta_{it}FX_{it} + \theta_{it}R_{Mt} + \varepsilon_{it} \tag{2－5}$$

其中，R_{it} 为不同期限频率下公司股价的收益率，FX_{it} 为不同期限频率下双边汇率或汇率指数的变动率，R_{Mt} 为不同期限频率下市场收益率，β_0 为常数项，ε_{it} 为扰动项，β_{it} 即为控制市场收益下估计得到的汇率风险敞口。

考虑到控制市场收益下计算的汇率风险敞口较好地控制了同时影响股价收益率和汇率变动率的其他系统性因素，因此，本书主要使用控制市场收益下的汇率风险敞口。

2.2.3　汇率风险敞口的估计方法

首先，估计汇率风险敞口需要构建合适的人民币汇率指数。本书使用中国外汇交易中心人民币汇率指数的构建方法。设人民币汇率指数为 $Index_{it}$。i 表示人民币汇率指数的类型，$i = c$ 表示使用 24 种货币构建的综合人民币汇率指数，$i = d$ 表示使用 14 种发达国家货币构建的人民币汇率指数，$i = e$ 表示使用 10 种发展中国家货币构建的人民币汇率指数。参考 2019 年 12 月的构建方法①，该指数包含的货币及权重（w_k）如下，发达国家或经济体货币（共计 14 个，以下简称发达国家货币）：美元（0.2159）、欧元（0.1740）、日元（0.1116）、港元（0.0357）、英镑（0.0275）、澳大利亚元（0.0520）、新西兰元（0.0057）、新加坡元（0.0282）、瑞士法郎（0.0144）、加拿大元（0.0217）、韩元（0.0168）、丹麦克朗（0.0058）、挪威克朗（0.0021）。新兴市场国家或经济体货币（共计 10 个，以下简称新兴市场国家货币）：马来西亚林吉特（0.0370）、俄罗斯卢布（0.0365）、泰铢（0.0298）、南非兰特（0.0148）、阿联酋迪

---

① http：//www.chinamoney.com.cn/chinese/rdgz/20191231/1496891.html#cp＝bkrmbidx.

拉姆（0.0157）、沙特里亚尔（0.0216）、匈牙利福林（0.0037）、波兰兹罗提（0.0080）、土耳其里拉（0.0073）、墨西哥比索（0.0198）。

$$Index_{it} = \prod_{k=1}^{24} \left[\frac{S_k(t)}{S_k(0)} \right]^{w_k} \qquad (2-6)$$

接下来，计算汇率指数表示的汇率变动率。将（2-6）式取对数，可得：

$$\log(Index_{it}) = \sum_{k=1}^{24} w_k \log\left[\frac{S_k(t)}{S_k(0)} \right] \qquad (2-7)$$

将（2-7）式对时间求导可得：

$$index_{it} = \frac{dIndex_{it}}{Index_{it}} = \sum_{k=1}^{24} w_k \frac{dS_k(t)}{S_k(t)} \qquad (2-8)$$

其中，$\dfrac{dIndex_{it}}{Index_{it}}$ 是人民币汇率指数的变动率，将它记为 $index_{it}$，它等于人民币汇率指数中包含的 24 种双边汇率变动率的加权平均。

之后，将在不同的数据频率下，根据（2-5）式使用不同的估计方法计算汇率风险敞口。将系数 β_{it} 取出，将其直接改记，或者取绝对值改记为 $Exposure_{it}$。其中，$i=c$ 表示综合汇率风险敞口，$i=d$ 表示发达国家货币汇率风险敞口，$i=e$ 表示发展中国家货币汇率风险敞口。常见的汇率风险敞口估计频率和方法分为三种：其一，使用日度数据估计的汇率风险敞口，这种方法直接使用日个股收益率在控制日市场收益下对日度人民币汇率变动率进行回归。这种方法不采用滚动估计。例如，He et al.（2021a）采用这种方法估计了汇率风险敞口。其二，使用周度数据估计的汇率风险敞口，这种方法直接采用周股价收益在控制周市场收益的前提下对周度人民币汇率指数的变动率进行回归。这种方法在估计时不采用滚动窗口估计，直接使用每年内 52 个周的周度数据进行估计。例如，Francis et al.（2017）即使用了这种方法估计了汇率风险敞口。其三，使用月度数据估计的汇率风险敞口，这种方法下，使用月个股收益率在控制市场收益率下对月度人民币汇率变动率进行回归。这种方法可使用12个月或者其他的窗口进行滚动估计。例如，Francis and Hunter（2012）就以48个月为窗口滚动估计了对应的汇率风险敞口。这种方法也可使用月度数据进行直接估计，如Bartram（2004）和Bartram et al.（2010）。

2.3　公司股权再融资折价的影响因素的理论文献

股权再融资是公司的重要融资方式，本书定义的股权再融资方式主要有以下三种形式：公开增发股票、定向增发股票和配股。Corwin（2003）基于美国背景综述了影响公司股权再融资的因素，包括公司股权再融资时投资者面临的不确定性和信息不对称、股权再融资后股票供给增加带来的价格压力、股票再融资前的价格变动和价格操纵、节约交易费用的考量、股票增发时特定的发行规则带来的价格下降。Bo et al.（2011）基于中国背景综述了中国公司股权再融资的动机，包括基于公司的未来投资和企业发展的股权再融资、权衡理论下以调整公司资本结构为目的的股权再融资、择时动机下的股权再融资、大股东和中小股东的代理冲突下的股权再融资。

股权再融资折价，即股权再融资时的发行价格低于市场交易价格的幅度，是公司进行股权再融资时的重要成本。影响公司股权再融资折价的重要因素是公司内外部的信息不对称程度，在会计信息质量较差的公司，内外部信息不对称程度较高，股权再融资时将承担更高的折价（Lee and Masulis，2009）。股价同步性更高的公司的信息披露质量更高，它享有低于同类公司的股权再融资折价（Chan and Chan，2014）。监管部门颁布提升公司信息披露质量、抑制内部交易的文件后，公司增发时将承担更低的股价负向变动（Fauver et al.，2017）。公司治理水平的提升将降低公司的股权融资成本，使公司承担较低的股权再融资折价。公司中 CEO 的内部债务（递延薪酬和养老金现值）将显著降低公司的股权再融资折价，这种内部债务限制了管理层过度的风险承担行为（Shen and Zhang，2020）。公司经理人和大股东的代理冲突将影响增发时的股价变动。获得大股东同意的增发股价累积平均超额收益率为正，未经大股东同意的增发股价累积平均超额收益率为负（Holderness，2018）。承担更多企业社会责任的公司将更少地承担股权再融资折价，因为这类公司提供了更加全面和更高质量的信息披露（Feng et al.，2018）。

为了降低股权再融资的成本，公司采用特殊的发行方式。管理层和大股东的择时行为将降低公司的股权再融资折价，发行前股价显著高于历史价格的公司在进行股权再融资时将承担较低的股权再融资折价（Hovakimi-an and Hu，2020；何诚颖和卢宗辉，2009）。为了尽可能规避股权再融资时的价格压力，公司往往采用短期隔夜增发的方式进行，这降低了公司的股权再融资折价（Gustafson，2018）。

不确定性也是影响股权再融资折价的重要因素，经济政策不确定性增加将导致公司在股权再融资时承担更高的折价，这种效应对股价信息不对称程度更高的公司更加显著。经济政策不确定性较高时，公司的股权再融资频率将显著降低（Chan et al.，2021）。

2.4　公司债风险溢价的影响因素的理论文献

公司债风险溢价被定义为公司债券到期收益率相对同类型无风险债券到期收益率的差值（Hollander and Liu，2016）。它主要包含公司债券的信用风险和流动性风险。它同公司债的到期收益率通常被视为公司债券的实际融资成本。公司所有权、公司治理、公司的信息不对称和不确定性等影响公司违约风险的因素均会影响公司债的风险溢价。

公司的财务特征将影响公司债的融资成本。利润更高，规模增长更快的公司通常风险更低，这类公司将具有更低的债券到期收益率（Chordia et al.，2017）。企业的所有权性质会影响公司债的风险溢价，国有企业会承担更高的公司债风险溢价，这是因为国有产权扭曲了企业的正常投资行为（Borisova et al.，2015）。公司的信息不对称程度将影响公司债的风险溢价，媒体信息披露与公司债的融资成本负向相关，媒体信息披露可以降低公司内外部的信息不对称程度，提升治理水平，增加股票流动性，降低公司的违约风险（Gao et al.，2020）。投资者的投资行为将影响公司债的风险溢价，以短期投资者为主的公司债风险溢价较高，以长期投资者为主的公司债风险溢价较低。对于短期投资者较多的公司债券，公司的破产风险和价值波动性相对较高（Huang and Petkevich，2016）。投资者之间的信息不对称将导致更高的公司债风险溢价，并将影响公司债的预期违约概率（Han and Zhou，2014）。

近年来，越来越多的文献关注企业的社会责任、环境责任和公司治理对公司债风险溢价的影响。获得环保认证的企业将享受更低的债券风险溢价（Eichholtza et al.，2019）。企业社会责任披露质量越高的公司将承担更低的公司债券融资成本，这种效应在公司治理薄弱的公司和制度不健全的地区更加显著（Gong et al.，2018）。

外部宏观不确定性将影响公司债的风险溢价，政治环境的不确定性将增加公司债券的风险溢价（Waisman et al.，2015）。较高的政策不确定性和政治不确定性将使公司承担更高的公司债融资成本，导致更高的公司债风险溢价（Bradley et al.，2016）。

2.5　汇率风险敞口与股权再融资折价的理论文献

股权再融资折价是上市公司融资时需要承担的重要成本（Lee and Masulis，2009）。参与公司股权再融资的中小投资者通常是公司信息的外部人。公司价值不确定性升高或代理成本增加时，参与增发的中小股东更容易投资受损。受此影响，中小股东将索取更高的再融资折价以弥补可能的损失（Chan et al.，2021；Fried and Spamann，2020）。现实中，大股东的代理行为损害增发后公司价值的实证证据屡见不鲜。例如，严重的代理行为将带来增发后更加负向的股价反应（Holderness and Pontiff，2016）；Larrin and Urzua（2013）发现在股票增发后，如果大股东减持，公司股价的收益率较增发前将显著降低。

公司的境外经营、子公司投资和外汇衍生品使用均属于公司的内部信息，它们都将影响公司的汇率风险敞口（Choi and Jiang，2009；郭飞等，2014；Allayannis et al.，2001）。在汇率发生相同变动幅度下，汇率风险敞口较大的公司的股价将发生更大幅度的波动，公司价值的不确定性将增加。中小投资者出于对公司未来价值不确定性的担忧而索取更高的股权再融资折价。在中国发行制度下，中小投资者在股权再融资前后均承担不确定性。股权再融资前，中国股权再融资从预案到发行经历半年至一年的周期（Huang et al.，2016）。其间，汇率变动将引起公司价值的波动，汇率风险敞口较大的公司价值将出现更大的波动。而与此同时，参与增发的投资者将持有高流动性资产以认购增发的股票，他们将承担公司价值不确定性的机会成本。股权再融资后，中国相关监管政策规定：通过定增和配股发行的股份将面临 6 个月至 1 年的限售期（何成颖和卢宗辉，2009）。在此期间，投资者将承担公司价值因汇率变动的损失。投资高汇率风险敞口的投资者将因汇率变动而承担更大的损失。受发行前后不确定性的影响，投资者将在股票增发时索取更高的再融资折价，以作为承担不确定性的风险补偿。

从代理成本角度考虑，发行前，为了迎合发行要求，大股东和经理人有动机进行盈余管理、调节利润以掩盖汇率风险带来的潜在损失（章卫东，2010；王克敏和刘博，2012；白云霞等，2014；Kothari et al.，2016）。在日常经营中，汇率变动引起公司价值变动时，大股东较中小股东承担更多的价值变动。对于汇率风险敞口较大的公司，大股东承担了更多的价值损失。为了弥补汇率风险敞口的损失，大股东将通过增发稀释中小股东的股权（Fried and Spamann，2020）；增发后，大股东还将"掏空"新增融资来弥补之前承担的损失（Jiang et al.，2010）。预期到发行前后大股东机会主义行为的中小投资者将在增发时索取更高的股权再融资折价，以补偿汇率风险下大股东在增发时对其潜在的利益侵占。

2.6 汇率风险敞口与公司债风险溢价的理论文献

公司债具有两种类型的收益率：一种是票面利率，另一种是交易中的到期收益率。同类型债券票面利率和交易中的到期收益率之间存在差异，交易中的到期收益率通常被视为市场均衡利率。交易中的到期收益率是发行票面利率的重要参考（Ederington，1974）。因此，相较于发行利率，债券在交易中的到期收益率更加重要。公司债的风险溢价等于公司债到期收益率或票面利率与无风险利率之间的差值。对公司债风险溢价的研究主要围绕到期收益率的风险溢价展开。例如，Friewald and Naglar（2019）研究了柜台市场的市场摩擦和到期收益率风险溢价间的关系，Andreasen et al.（2020）揭示了债券超额收益和债券到期收益率风险溢价的关系。

汇率风险敞口同时从不确定性和信息不对称两个方面影响公司债券的风险溢价。从不确定性角度看，公司债务的总价值等于以公司总价值为标的的看涨期权的执行价格。该期权的执行价格是总债务的账面价值。当公司价值低于总债务的账面价值时，债券发生违约。因此，债务违约概率即等于公司价值低于债务账面价值的概率（Merton，1974；Giesecke et al.，2011）。汇率变动时，公司价值因汇率风险敞口而发生变动，公司价值不确定性增加，公司汇率风险敞口更大，其公司价值的不确定性将更显著地增加，公司潜在违约概率将上升，公司债的风险溢价上升（Lu et al.，2010；Goswami and Shrikhande；2001）。

基于信息不对称视角，公司债投资者相较公司大股东对公司的境外经营状况、境外投资和衍生品使用缺乏了解，处于信息劣势。在危机时，信息不对称将诱发大股东和债权人的利益冲突（Liao et al.，2009；Bradley and Roberts，2015）。当公司价值因汇率风险发生变动时，公司破产风险上升，大股东将利用自己的信息优势，过度投资，甚至低效率投资，以谋求高额收益，而债权人的利益将受到损害（Wei and Starks，2013；Huston and Laing，2014）。预期这种可能存在的利益侵占后，债券投资者将索取更高的到期收益率，以弥补自己的损失。

2.7　文献的评述和总结

既有文献对汇率风险敞口的研究日趋成熟，理论模型、计量方法的不断改进使汇率风险敞口的测量愈加准确，相关研究也加深了对公司层面汇率风险敞口本身和管控公司层面汇率风险敞口方法的理解。但是，现有研究还在以下几个方面存在不足。

其一，已有研究集中于汇率风险敞口的决定因素而忽略了分析汇率风险敞口的经济后果。当前文献主要关注公司财务方面的特征，如公司规模、境外业务规模、资产结构、流动性和未来成长机会（Nance et al.，1993；Dominguez and Tesar，2006；He and Ng，1998；Bartram，2004；Wei and Starks，2013）和汇率风险对冲手段，如经营性对冲、债务对冲和衍生品对冲（Bartram et al.，2010；Allayannis and Ofek，2001；Brown，2001；DeMarzo et al.，1995）对汇率风险敞口的影响。既然汇率风险敞口的大小决定了汇率变动对公司价值的影响程度，那么汇率风险敞口将通过影响公司价值对公司的融资、投资等一系列微观经济活动产生经济后果。但是，仅有 Francis and Hunter（2012）使用美国数据检验了汇率风险敞口对贷款定价的影响。而在中国背景下，He et al.（2021a）的实证结果表明汇率风险敞口在 2015 年"8·11 汇改"后已经成为中国公司不可忽视的风险因素。同时，信贷仍然是公司的主要融资途径，股权再融资、债券融资等直接融资手段已经成为企业的重要融资方式。我们迫切需要弄清汇率风险敞口是否被计入股权再融资折价和债券风险溢价中，以及汇率风险敞口给上述几个方面融资成本究竟造成了多大程度的影响。这有利于管控企业的融资成本，也有利于厘清汇率风险敞口的微观传导路径。

其二，当前研究聚焦于汇率风险敞口的大小而忽视了汇率风险敞口符号的经济意义。以往文献主要关注汇率风险敞口的规模，但忽略了汇率风险敞口符号的经济学含义。因此，在计算出汇率风险敞口后，已有文献仅仅汇报正负汇率风险敞口公司的数量（Bartram，2004；Bartram et al.，2010；He et al.，2021a），或者将汇率风险敞口取绝对值后进行后续的分析（Wei and Starks，2013；Huston and Laing，2014）。虽然这样的方式简化了实证方法，但是忽视了汇率风险敞口符号的经济学含义。汇率风险敞口的符号侧面反映了公司净出口和净投资情况，汇率风险敞口为正的公司是净进口或承担境外债务的公司。对于这类公司，本币升值将改善这类公司的贸易条件，降低这类公司境外负债的规模，增加这类公司的价值。汇率风险敞口为负的公司是净出口或持有境外资产的公司。对于这类公司，本币贬值将改善这类公司的贸易条件，增加这类公司境外资产的价值，使这类公司的价值上升（Francis and Hunter，2012）。在我国，公司贸易条件和净投资状况与融资方式的选择息息相关。分类讨论不同方向汇率风险敞口对公司融资成本的影响是必要的。

其三，估计方法上，现有文献偏重对汇率风险敞口时序特征的准确刻画，忽视了对汇率风险敞口估计值稳定性的考量。相关研究尝试从优化汇率风险敞口的估计模型（Bartram，2004）和提高汇率风险敞口模型估计的准确性两个方面入手，以更精准地描述公司汇率风险敞口的时变特征。

复杂的估计方法和过高的数据频率对于衡量汇率风险敞口的长期变动趋势未必是有利的。公司短期汇率风险敞口的增加未必表明公司涉外风险在基本面上发生了变化。既有文献在估计汇率风险敞口时，过高的估计频率加大了汇率风险敞口的波动。在汇率风险敞口的估计方法上，He et al. （2021a，2021b）等使用了日度数据估计公司的汇率风险敞口。虽然这种方法更加准确地描述了汇率风险敞口的时序变动，但是这种方法下估计的汇率风险敞口容易受到异常收益率和异常汇率波动的影响。异常的汇率风险敞口不能反映公司面临的真实风险，不能体现公司真实的长期涉外风险的变化。Francis et al. （2017）使用周度数据估计汇率风险敞口；Bartram （2004），Bartram et al. （2010）和 Francis and Hunter （2012）均使用月度估计汇率风险敞口。这两种估计方法得到的汇率风险敞口更加稳定。

本书主要关注汇率风险敞口的经济后果，只有汇率风险敞口发生了长期趋势下的改变，才能说明公司的涉外风险发生了系统性的变化。因此，本书中用到的汇率风险敞口更多使用周度或月度数据估计得到，它们的变动更可能反映汇率风险敞口的长期变动趋势。相对稳定的汇率风险敞口估计有利于更加稳健地估计汇率风险敞口与公司融资成本的长期关系。

第3章　资本市场融资与汇率风险敞口的基本事实

本章基于描述性统计和图形分析，描述公司的资本市场融资规模和融资成本的时序变动，将基于图形间的基本关系阐述汇率风险敞口和公司不同种类资本市场融资成本的关系。

3.1　资本市场相对融资规模

本书主要讨论公司汇率风险敞口与权益再融资成本和债券融资成本的关系。需要分析以上两种融资方式的规模，从而从宏观上展示汇率风险敞口对公司整体融资方式的重要影响。

图 3.1 展示了 2005—2020 年公司权益类直接融资的种类和相对规模。我国上市公司可以通过首次发行、增发配股和发行优先股这三种方式进行权益类融资。除了个别年份外，增发配股募集资金是公司进行权益类融资的主要方式。2005—2020 年，首次公开发行共计募集资金 3.21 万亿元，增发配股共计募集资金 9.8 万亿元，优先股发行共计募集资金 0.90 万亿元。增发配股募集资金总额度占全部权益类融资规模的 70.45%。这反映了增发配股相较首次公开发行股票面临较少的监管制度限制。分析汇率风险敞口对增发配股融资成本的影响具有重要的现实意义。

公司配股增发时承担的最主要成本是股权再融资折价，即增发配股的协议价格远低于股票日常的交易价格。根据本书第4章的测算，公司汇率风险敞口增加1个标准差，公司进行股权再融资将额外承担2.91%的折价成本。据此估计，2005—2020年，汇率风险敞口使公司权益再融资规模减少了2937亿元（9.8万亿／（1－2.91%）×2.91%）。公司的汇率风险敞口将增加公司的权益融资成本，减少公司的权益再融资规模。

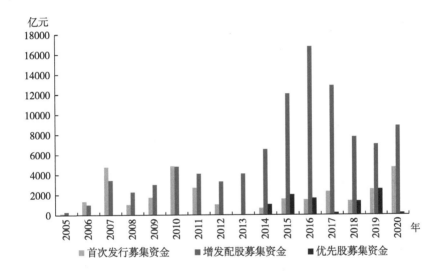

图3.1 公司权益类融资类型及金额（2005—2020年）

（资料来源：Wind数据）

公司另一种重要的直接融资方式是发行公司债券。图3.2显示，2005—2020年非金融公司债券的年发行规模已经由2158.74亿元增加到15.02万亿元。仅从规模来看，非金融公司债的发行规模甚至超过了当年新增人民币贷款的规模。

公司债重要的融资成本是公司债相对无风险国债的风险溢价。根据第6章的测算，公司汇率风险敞口每增加1个标准差，公司债风险溢价将增加5~9个基点。结合2020年的债券发行规模，汇率风险敞口使公司额外承担了75.10亿~135.18亿元的融资成本。

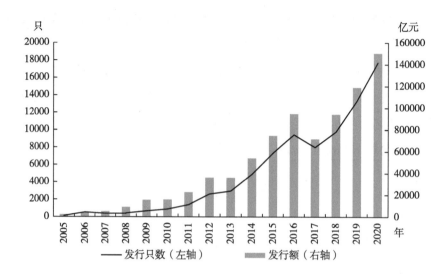

图 3.2　非金融企业公司债发行规模（2005—2020 年）

（资料来源：Wind 数据）

图 3.3 展示了非金融企业 2005—2020 年的融资结构变动。2005—2020 年，非金融企业的贷款融资所占比例逐渐减小，股权融资规模基本保持稳

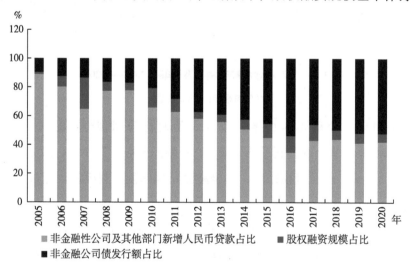

图 3.3　非金融公司融资结构时序变动（2005—2020 年）

（资料来源：Wind 数据）

定而公司债发行规模逐步上升。这体现了间接融资仍然是非金融企业的重要融资手段，但直接融资正在日益成为非金融企业的主要融资方式。以 2020 年为例，非金融企业的贷款融资占到全部融资方式的 42%，股权融资占到全部融资方式的 6%，而公司债融资占到全部融资方式的 52%。在研究汇率风险敞口对公司整体融资成本的影响时，我们需要着重关注汇率风险敞口对股权融资成本和公司债融资成本的影响。

3.2　资本市场融资成本的时序变动

这一小节展示了公司贷款成本、股权再融资折价和公司债风险溢价的时序变动。首先，本小节展示了 2006—2019 年，上市公司股权再融资折价的时序变动趋势。如图 3.4 所示，不同年份之间股权再融资平均折价率差异较大，波动较为剧烈，这可能与不同年份之间经济运行状态高度相关。特别地，2015 年，公司的股权再融资折价达到近几年内的峰值。而同年

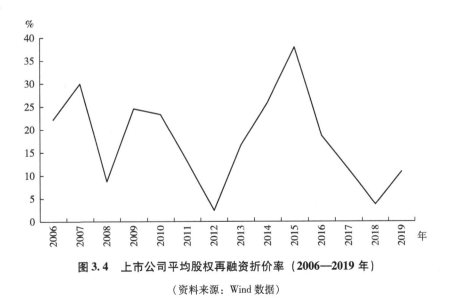

图 3.4　上市公司平均股权再融资折价率（2006—2019 年）

（资料来源：Wind 数据）

内，央行推进了"8·11汇改"，汇率制度改革可能同时增加了汇率变动幅度和公司的汇率风险敞口，增加了公司的外部风险，进而增加了公司股权再融资时的折价。

进一步地，绘制了公司债券票面利率的时序变动趋势（见图3.5）。由图可知，2006—2020年，公司债券的平均票面利率为4.91%，低于同时期内商业银行贷款的平均利率5.60%。这说明公司在资本市场的融资成本低于公司通过银行贷款的融资成本，因此，进一步推进资本市场发展，促进直接融资有利于降低实体企业的融资成本。

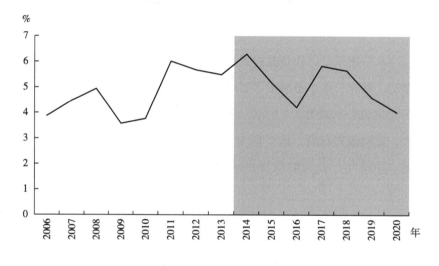

图3.5 公司债券票面利率（2006—2020年）

（资料来源：Wind数据）

2014年之后，随着公司债刚性兑付被打破，公司层面的信用风险越来越受到债券投资者的关注。2014年以后公司债券的利率水平较之前出现了显著的上升。而公司的汇率风险敞口作为公司信用风险的重要组成部分，也将被更多地计入公司债的票面利率或风险溢价之中。

3.3　汇率风险敞口与公司融资成本的图像分析

本节使用图形分别展示公司汇率风险敞口与股权再融资折价和公司债风险溢价的基本关系，并绘制了相关变量对汇率风险敞口与各类融资成本的调节效应。

3.3.1　公司汇率风险敞口与股权再融资折价的图像分析

本小节使用图像分析了公司汇率风险敞口与股权再融资折价的基本关系，汇率风险敞口与股权再融资折价关系的时序变动以及不同汇率风险敞口下，以两权分离度表示的大股东和中小股东利益冲突对股权再融资折价影响的边际效应分析。

首先，本书将公司的汇率风险敞口和股权再融资折价在相同年份和相同行业内取均值，图3.6展示了公司汇率风险敞口与股权再融资折价的散点图和线性拟合图。由图3.6可知，汇率风险敞口越高，公司的股权再融资折价越高（绝对值越大），这说明公司汇率风险敞口越高的公司，其不确定性和公司内外部的信息不对称程度越高。外部投资者认为这类公司的风险更高，因此定价时给予这类公司更大的折扣，表现为更高的股权再融资折价。

进一步地，图3.7展示了公司汇率风险敞口与股权再融资折价回归系数的时序变动图。图3.7表明，在2015年"8·11汇改"前，公司汇率风险敞口与股权再融资折价的关系虽然为负相关，但并不稳定。例如，2013年系数显著为负但相对较小，2014年系数为正，但并不显著。

而在"8·11汇改"后，公司汇率风险敞口与股权再融资折价的负向关系更加稳定。2015年、2016年和2017年，系数显著为负。这表明"汇

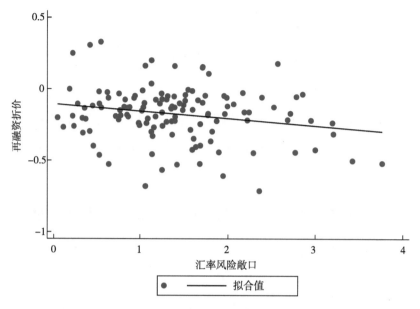

图3.6 公司汇率风险敞口与股权再融资折价的基本关系

［资料来源：根据 Wind 和 CSMAR 原始数据由（2-5）式测算得到数据及原始数据］

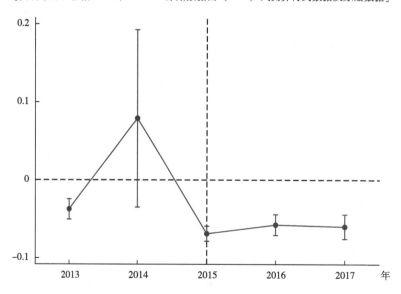

图3.7 公司汇率风险敞口与股权再融资折价回归系数时序变动

［资料来源：根据 Wind 和 CSMAR 原始数据由（2-5）式测算得到数据及原始数据］

改"后，公司的汇率风险敞口显著上升，投资者认为公司相较"汇改"前具有更高的风险，因此使公司在股权再融资时承担更高的成本。

最后，本小节探究了不同汇率风险敞口下，大股东和中小股东利益冲突的大小对公司股权再融资折价的影响。本小节将同一行业和年份的公司按两权分离度的高低分为四组，将两权分离度最高的一组的公司定义为大股东和中小股东利益冲突最严重的公司。图 3.8 绘制了不同汇率风险敞口下，两权分离度对公司股权再融资折价的边际效应。其中每个点代表了不同汇率风险敞口下，两权分离度对公司股权再融资折价影响的边际效应系数的数值，线的两个端点表示边际效应系数 90% 的置信区间。

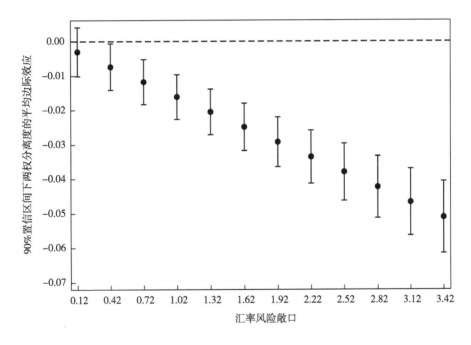

图 3.8　不同汇率风险敞口下两权分离度对股权再融资折价影响的边际分析

［资料来源：根据 Wind 和 CSMAR 原始数据由 （2 - 5）式测算得到数据及原始数据］

由图 3.8 可知，公司汇率风险敞口越高，大股东和中小股东利益冲突严重的公司较大股东和中小股东利益冲突较轻的公司承担更高的股权再融资折价。具体地，当公司汇率风险敞口位于中位数以上时，大股东和中小股东利益冲突严重的公司的股权再融资折价收益率较其他公司低 1.84%；当汇率风险敞口位于均值以上时，大股东和中小股东利益冲突严重的公司股权再融资折价收益率较其他公司低 2.21%；当公司汇率风险敞口位于 90% 分位数以上时，大股东和中小股东利益冲突严重的公司股权再融资折价收益率较其他公司低 5.31%。由此可知，汇率风险敞口较高的公司，大股东有更强的动机在增发时损害中小股东的利益，这类公司在股权再融资时将承担更高的折价。

3.3.2 汇率风险敞口与公司债风险溢价的图像分析

本小节主要依据图像分析了公司汇率风险敞口与公司债风险溢价的基本关系，展示了公司汇率风险敞口与公司债风险溢价关系的时序变动，以及信息披露水平对汇率风险敞口与公司债风险溢价的调节效应。

首先，将全部公司在相同的年份和行业内计算其汇率风险敞口和公司债风险溢价的均值，在图 3.9 中绘制了汇率风险敞口与公司债风险溢价的散点图和线性拟合图。图 3.9 表明公司更高的汇率风险敞口越大，公司债的风险溢价越大。这表明更高的汇率风险敞口将增加汇率变动下公司价值的不确定性，增加债券投资者对公司信用风险的担忧，进而使公司承担更高的公司债风险溢价。

图 3.10 展示了公司汇率风险敞口与公司债风险溢价回归系数的时序变动图。2015 年前汇率风险敞口与公司债风险溢价的线性回归系数数值较小且基本不显著，但 2015 年后，公司汇率风险敞口与公司债风险溢价的回归系数较之前显著增加。这表明"汇改"后，相同的汇率风险敞口将更加显著地增加公司债风险溢价。即"汇改"之后，汇率的弹性和公司汇率风险敞口的大小都显著增加，公司债的投资者更多地将公司汇率风险敞口计入公司债的风险溢价之中。

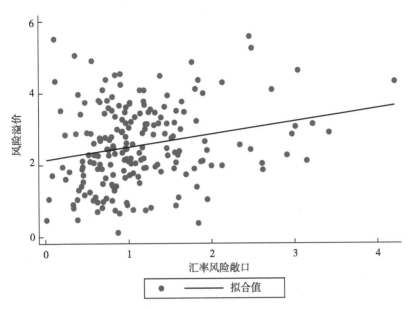

图 3.9　汇率风险敞口与公司债风险溢价的基本关系

[资料来源：根据 Wind 和 CSMAR 原始数据由（2－5）式测算得到数据及原始数据]

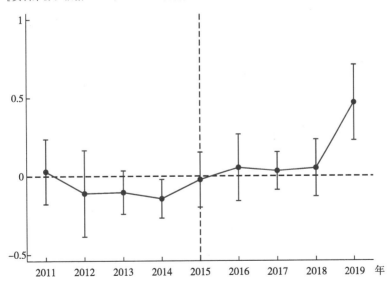

图 3.10　汇率风险敞口与公司债风险溢价回归系数的时序变动

[资料来源：根据 Wind 和 CSMAR 原始数据由（2－5）式测算得到数据及原始数据]

进一步地，本小节分析了公司信息披露水平对汇率风险敞口与公司债风险溢价的调节效应。本小节用跟踪某公司的分析师的人数表示公司的信息披露水平，并且在相同年份和相同行业内将全部的公司按分析师人数分为四组，将分析师人数位于最高组内的公司定义为高信息披露公司，将分析师人数位于其他组内的公司定义为低信息披露公司。最后，本小节分别对高信息披露组公司和低信息披露组公司绘制了公司汇率风险敞口与公司债风险溢价的线性拟合图。

如图 3.11 所示，总体来看，在不同的汇率风险敞口下，高信息披露公司的公司债风险溢价均低于低信息披露公司的公司债风险溢价。但是，不同汇率风险敞口下，高信息披露公司的公司债风险溢价与低信息披露组公司的公司债风险溢价的差值是有差异的。在公司汇率风险敞口较低时，高信息披露公司的公司债风险溢价较低信息披露公司的公司债风险溢价低0.5 个基点；在公司汇率风险敞口较高时，高信息披露公司的公司债风险

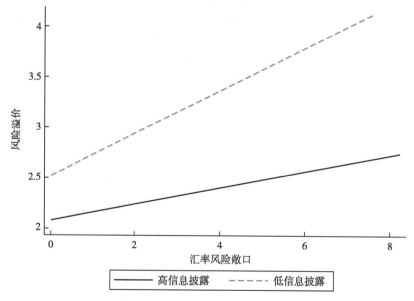

图 3.11 不同信息披露水平下汇率风险敞口与公司债风险溢价的关系

[资料来源：根据 Wind 和 CSMAR 原始数据由（2－5）式测算得到数据及原始数据]

溢价较低信息披露公司的公司债风险溢价低 1.5 个基点。随着汇率风险敞口的提升，相同汇率风险敞口下，高低信息披露公司间公司债风险溢价的差值逐渐增加。这说明随着公司汇率风险敞口的增加，更高质量的信息披露将更加显著地抑制汇率风险敞口导致的公司债风险溢价。

3.4　公司汇率风险敞口基本事实对本书的写作意义

传统对汇率风险敞口的研究主要基于实证分析，但是实证分析背后相关的汇率风险敞口的基本事实被大多既有文献忽略。本章基于图像分析直观展示了汇率风险敞口的相关数据事实，这有利于更加直观理解汇率风险敞口的变动趋势和汇率风险敞口对公司形成的微观经济后果的时序变动。具体地，本章分析有以下几点意义。

第一，本章直观展示了汇率指数的构建结果和汇率指数的时序变动趋势，比较了不同种类货币构建的汇率指数的差异。图像显示，汇率指数有效地反映了人民币汇率在历次关键"汇改"时期的走势，不同种类的人民币汇率指数有效地反映了人民币相对不同种类货币汇率的时序变动差异。

第二，本章直观展示了汇率风险敞口的时序变动，比较不同种类汇率风险敞口的差异。结果直观展示了公司价值相对于汇率敏感程度在不同时期的差异，并且比较了公司价值相对于不同种类货币汇率变动敏感性的差异。这有效地说明了汇率风险敞口指标构建的实际价值。

第三，本章展示了股权再融资和公司债融资规模的时序变动，直观展示了不同种类融资方式的相对规模变化，直观说明这两类融资方式对我国企业融资的重要意义。

第四，本章展示了公司三类融资成本的时序变动，结合"汇改"政策的发生时点，间接说明汇率制度改革对不同种类融资成本的影响差异。这便于在后续的实证检验中，寻找合适的外生政策冲击，解决潜在的内生性问题。

第五，本章直接通过图像展示了汇率风险敞口与公司股权再融资折价和公司债风险溢价的关系，并且展示了汇率风险敞口与公司不同种类融资成本关系系数的时序变动趋势。此外，本章还详细展示了不同机制对汇率风险敞口与公司融资成本关系的调节效应。这部分的分析有利于直观展示汇率风险敞口的经济后果，同时揭示汇率风险敞口对公司不同融资成本的影响机制。

第4章 汇率风险敞口与股权再融资折价

本章基于 A 股上市公司 2006—2019 年的财务数据和股权再融资数据，首次检验了公司汇率风险敞口与股权再融资折价的关系。研究结果表明：公司的汇率风险敞口将使公司承担更高的股权再融资折价。其中，公司汇率风险敞口每增加 1 个标准差，公司在股权再融资时将额外承担 1.63% 的股权再融资折价。公司的信息不对称程度越高，其在相同的汇率风险敞口下承担的股权再融资折价也越高。公司的汇率风险敞口会带来更大的股权再融资规模，这是公司通过"择时"发行来实现的。进一步的研究表明，公司的汇率风险敞口还将引发更加显著的负向累积平均超额收益率、更昂贵的发行费用和更高的预案失败概率。"融资融券"交易可以抑制汇率风险敞口带来的股权再融资折价；严重的大股东代理问题会增加汇率风险敞口带来的股权再融资折价。另外，借助"8·11 汇改"缓解了汇率风险敞口和股权再融资折价的内生性问题，并通过 Heckman 模型控制了可能的选择性偏误。

4.1 本章引言

股权再融资是我国上市公司在资本市场获取资金的重要手段。自 2005

年股权分置改革起，至 2019 年为止，全部 A 股上市公司使用股权再融资[①]募集资金共计 4515 次，融资规模达 89610 亿元，占股权类融资规模的 65.85%；而上市公司在此期间使用首次公开发行仅募集资金 27450 亿元，仅占全部股权融资规模的 20.17%。然而，股权再融资存在着严重的折价，极大地影响了企业的发行成本（Lee and Masulis，2009）。以 2019 年为例，上市公司股权类再融资的平均折价率为 −11%，折价所带来的成本高达 868 亿元，占股权再融资总额的 12.36%[②]。

鉴于折价所带来的巨额发行成本，有关折价决定因素的研究成为学术界和实务界关注的热点问题。大量的文献对股权再融资折价的决定因素从不同的角度进行了分析：不确定性（Lee and Masulis，2009；Chan et al.，2021）、公司信息不对称程度（Chan and Chan，2014）、内部人的价格操纵（Henry and Koski，2010）、发行前的价格压力（Gustafson，2018）、实际的发行制度（Autore，2011）以及由不确定性和信息不对称引发的代理成本（Fried and Spamann，2018）等因素是影响股权再融资折价的重要因素。然而，所有的研究均指出公司的股权再融资折价的重要原因在于公司价值的不确定性（Corwin，2003；Lee and Masulis，2009；Chan et al.，2021）和代理成本（Fried and Spamann，2020）。实证分析也证明，不确定性将增加公司债券融资时的风险溢价（Lu et al，2010），增加首次公开发行时的溢价（Barth et al.，2017），而政策不确定性将增加公司的资本成本（Drobetz et al.，2018）。严重的代理成本也将导致股权再融资时更加负面的市场反应（Holderness，2018）；代理成本将增加公司的贷款成本（Lin et al.，2018）；代理问题被限制后股权再融资折价将降低（Shen and Zhang，

---

① 参考 Holderness（2018），本书所述的股权再融资类型包括股票增发（包括定向增发和公开增发）和配股，不包括优先股、可转债和可交债发行。

② 折价总额及占比的计算方式如下：2019 年全部上市公司使用股权再融资共募集 7022 亿元，若不存在折价，理论上将募集 7890 亿元［7022/（1−11%）］，折价金额为 868 亿元（7890 × 11%），占实际募集金额的 12.36%（868/7022）。

2020）。

作为影响公司价值不确定性的重要因素，汇率风险敞口，是否影响股权再融资的折价，至今尚未有文献进行研究。事实上，在中国这一影响因素可能对公司价值和股权再融资成本的影响尤为突出。自 2005 年 7 月 21 日汇率制度改革后，人民币汇率变动呈现从无到有，从单向升值到双向波动的重要转变，公司价值对汇率变动的敏感性显著提升，公司汇率风险敞口显著增加，公司价值的不确定性显著增强（He et al.，2021a；何青等，2019；谭小芬等，2016），汇率变动极大地影响了中美之间产业和企业间的竞争关系，增加了企业价值的不确定性（He et al.，2021b）。汇率风险敞口降低了公司价值，并造成财富从股东和债权人向经理人的转移（Francis et al.，2017）。Disatnik et al.（2013）发现公司在对冲现金流的汇率风险后，将更好地利用外部融资，降低内源融资规模，提升公司价值。Li et al.（2015）发现汇率变动将影响商品出口量，并影响公司能否进入市场或保持市场规模。由此可见，汇率风险敞口很有可能成为影响折价的重要因素。

为了验证上述假定，参考 He et al.（2021a）的方法计算了中国 A 股上市公司的汇率风险敞口，并结合公司进行股权再融资的微观数据，研究了公司汇率风险敞口对股权再融资折价的影响，并从不确定性和由此引发的代理冲突视角提出了解释。研究发现，公司的汇率风险敞口将增加其股权再融资时的折价。在公司较高的信息不对称程度下，其汇率风险敞口将带来更高的股权再融资折价。汇率风险敞口较高的公司，会更加"择时"地进行大规模股权再融资。进一步研究表明，汇率风险敞口往往伴随着更加负面的市场反应，更高的股权再融资发行费用和更高的预案失败概率。异质性分析中，"融资融券"交易将抑制汇率风险敞口带来的股权再融资折价；在大股东和中小股东利益冲突更严重的公司，汇率风险敞口将使公司承担更高的股权再融资折价。最后，借助"8·11 汇改"识别了汇率风险敞口和股权再融资折价的因果关系，并且使用 Heckman 模型修正了潜在的选择性偏误。这表明汇率风险敞口增加了公司的不确定性、增加了公司内部的代理成本进而增加了公司的股权再融资折价。

在目前直接融资体系相对欠完善的背景下，研究如何发展直接融资，降低资本市场的融资成本具有重要意义（易纲，2020）。本章从汇率风险敞口出发，研究汇率风险敞口对股权再融资折价的影响，以及在整个过程中，汇率风险敞口在不同信息不对称、代理成本和交易制度下对股权再融资折价的差异性影响。与已有文献相比，本章的贡献主要有以下几个方面。

（1）丰富了股权再融资折价因素的研究。国际文献对股权再融资折价的影响因素研究集中在不确定性和信息不对称、价格压力和代理成本等方面，而国内文献则对股权再融资溢价的决定因素讨论较少，仅有部分文献讨论了增发后的市场反应（王亚平等，2006；管征等，2008），以及增发后的持有期回报（章卫东，2010）。本章填补了国内文献对股权再融资折价影响因素研究较少的空白，并着重基于汇率风险敞口视角进行了详细的分析。

（2）本书的研究也对理解汇率风险敞口微观经济后果有重要作用。目前，绝大部分文献关注汇率风险敞口在微观企业层面的决定因素和管理渠道（Bartram et al.，2010）。但现有文献对汇率风险敞口的微观经济后果研究较少，仅有少量文献发现汇率风险敞口将影响公司的间接融资成本，例如，Francis and Hunter（2012）发现汇率风险敞口将显著增加公司的贷款成本；He et al.（2021b）发现汇率风险将影响中美两国相关产业间的竞争关系；Deng（2020）发现汇率风险将抵消企业境外转移收入的税收优惠。因此，本章的实证结果将有助于进一步厘清汇率风险敞口的微观经济后果。

（3）研究为企业降低股权再融资成本，监管机构提升资本市场的定价效率提供了参考，具有极强的政策价值。本章发现汇率风险敞口将增加公司的股权再融资成本。而信息不对称和大股东的代理成本将使公司在相同汇率风险敞口下承担更高的股权再融资折价。因此，公司应当注重使用经营对冲和衍生品对冲手段管理汇率风险敞口，并加强公司的信息披露，同时制定规则约束大股东的代理行为。监管机构也应推进交易制度的改革，完善做空机制，使汇率风险敞口及时反映到股票价格中。

4.2　本章文献综述与研究假设

汇率风险敞口通常被定义为公司价值对于汇率变动的敏感程度（Adler and Dumas，1984）。对于汇率风险敞口较高的公司，当汇率变动相同的程度时，公司价值的波动程度更高，不确定性上升（Bartram et al.，2010；Chaieb and Mazzotta，2013；He et al.，2021a）。根据 Allayannis and Ofek（2001），由于公司股价和汇率变动是同时被决定的，对于公司个体而言，汇率风险敞口相对外生。汇率风险敞口影响股权再融资成本主要通过以下两种因素：公司价值的不确定性（Corwin，2003）和代理成本（Bo et al.，2011）。

基于公司价值不确定性角度，公司的境外经营（Choi and Jiang，2009；郭飞等，2012；郭飞等，2014；郭飞等，2019；郭飞等，2018），外币负债（Gowswami and Shirkhande，2001）和外汇衍生品使用（Allayannis et al.，2001）均有可能改变公司的汇率风险和汇率风险敞口。即使不持有外汇衍生品的公司也可能因为同行业其他公司"涉外经营"产生的竞争效应而影响其汇率风险敞口（Hodder，1982）。上述涉及公司经营状况的信息通常是公司内部的非公开信息，为大股东和管理层所拥有。当汇率风险敞口上升时，股价收益率波动幅度加大，公司价值不确定性程度将增加。不了解公司内部信息的外部投资者或参与增发和配股的小股东将降低对增发股票的需求，因此公司股价的折价程度将上升（Lee and Masulis，2009）。目前已经有诸多实证证据表明，公司价值不确定性的提升将增加公司的股权再融资折价，而公司价值不确定性的下降将降低公司的股权再融资折价。Chan et al.（2021）证明了当经济政策不确定性增大时，公司价值不确定性也将增大，后者将增加公司的股权再融资折价。Huang and Zhang（2011）证明了更多的承销人和更大的承销关系网络将降低公司的不确定性，进而降低公司的股权再融资折价。

同时，根据 A 股市场的交易规则，除公开增发外，定向增发或配股都可能存在 6 个月甚至 1 年的限售期（何成颖和卢宗辉，2009）。因此，参与定向增发或配股的投资者，通常将承受 6 个月至 1 年的不确定价格波动，在此期间汇率变动导致公司价值变动的损失将由投资者自行承担。汇率风险敞口越大的公司，投资者承担的风险也越大。为了弥补相关投资者的损失，公司在股权再融资时将给出一个低于现行市场价的价格作为这类投资者在限售期的风险补偿。此外，我国股权类再融资申请过程相对较长，从预案公告到审批再到最终发行面临着半年至一年的期限（Huang et al.，2016）。欲参与股权再融资的机构将提前持有高流动性资产以参与认购。汇率风险敞口较高的公司价值因汇率变动将发生剧烈变化，这种不确定性带来的机会成本将由外部投资者承担。Chen et al.（2015）的实证结果也证明较低的流动性将增加定向增发时的股票折价。

另外，由于我国资本市场缺乏做空机制，定价效率较低，在日常交易中，即使公司汇率风险敞口较高，短期内也不会被反映在股票价格上。Corwin（2003）发现美国监管机构对做空施加限制后，股价的信息含量降低，股权再融资折价增加。Deshmukh et al.（2017）发现具有基本面信息依据的做空将提升股票增发过程中的市场效率和促进价格发现。这体现为，更多的增发前做空预示着公司长期绩效的下滑，以及内部人更强的择时行为（Larrin and Urzúa，2013）。Meng et al.（2020）基于中国数据使用投资现金流敏感性的方法证明了"融券交易"降低了公司利用过高估值融资的能力，这加强了公司的融资约束。

从代理成本角度来看，由于持股比例不同，汇率风险敞口将使公司大股东相较中小股东承担更大的公司价值不确定性。这激化了大股东在股权再融资后，侵犯中小股东利益的动机，而预期到这一点的外部投资者将在增发时对此索取更高的再融资折价。大股东和中小股东之间的利益冲突是新兴市场国家代理成本的重要体现（La Porta et al.，1999；Young et al.，2008；Claessens et al.，2002）。当公司汇率风险敞口上升时，大股东的收益不确定性程度上升，相较中小股东而言，将承受更多汇率变动造成的损失。为了弥补这些损失，大股东倾向于增发股票来稀释原有中小股东股权（Fried and Spamann，2020），并可能在增发后通过关联交易"掏空"新增融资（Jiang，et al.，2010）。而外部投资者由于预期到大股东上述可能的委托代理行为，将给予汇率风险敞口一个更高的再融资折价。目前，已经有实证证据表明，大股东在增发前可能采用较长时间的停牌，注入不良资产等方式侵犯中小股东的利益（朱红军等，2008）；大股东在股权再融资之后将以现金股利的形式向自身输送利益（赵玉芳等，2011）。Sloan and You（2015）发现在股价被高估时增发股票，将导致股东之间的财富转移。Holderness and Pontiff（2016）发现当公司股权再融资时，存在不参与增发的股东向参与增发的股东的财富转移的现象。

公司进行股权再融资时面临监管层面规定的盈利要求，大股东和管理层倾向于通过盈余管理调节利润（章卫东，2010；王克敏和刘博，2012；白云霞等，2014）这可能部分掩盖了公司的汇率风险，新的外部投资者会就此索取额外的发行折价。Cohen and Zarowin（2010）和 Kotahri et al.（2016）发现参与股权再融资的公司除了使用会计手段调节利润，也使用真实经营行为调节利润。因此，本书提出第一个假设：

H1：汇率风险敞口较高的公司将承担更高的股权再融资折价。

"优序融资理论"认为由于公司内部人和外部投资者之间存在信息不对称，公司应当优先使用内部资金，之后发行债券融资，最后使用股票融资（Myers and Majluf，1984）。如前文所述，决定公司汇率风险敞口的经营因素、债务因素和对冲因素（Bartram et al.，2010）的确切情况均为公司内部大股东和高管的私有信息。因此，对于内外部信息不对称程度较高的公司，汇率风险敞口将使其承担更高的股权再融资折价。

对于公司信息不对称程度的度量，Kang et al.（2018）和 Jiang et al.（2018）提出了几个可行的度量指标。其一，股价波动性，收益率的较大波动体现了公司前景和表现的不确定性，增加了评判管理层绩效的难度，反映了公司的信息不对称程度（Boone et al.，2007）。其二，公司无形资产占总资产的比例，由于无形资产相较其他资产而言更难评估其价值，无形资产占总资产的比例越高的公司其信息不对称程度越高。例如，Chemmanur and Tian（2014）认为持有较多无形资产的公司的信息不对称程度较高。其三，分析师的报道。Autore and Kovacs（2014）的实证结果发现，更多的分析师跟踪将增加股票增发时投资者认可度，更高的公司估值和更低的流动性风险。Huang et al.（2014）认为分析师跟踪有助于公司负面信息的传播。Kim et al.（2019）发现，跟踪公司的分析师数目的下降将导致股价崩盘风险的增加。如果公司信息能得到更多分析师的追踪和解读，公司股价能够更贴近公司基本面而趋于稳定，则投资者所要求的股权再融资折价也会相应更低。因此，本书提出第二个假设：

H2：信息不对称程度较高的公司，其汇率风险敞口将使其承担更高的股权再融资折价。

公司因汇率风险敞口承担股权再融资折价，即股票因不确定性和信息不对称将被外部投资者低估。公司内部人希望在公司价值高于实际价值时增发股票，获得更大的融资规模，以弥补汇率风险敞口折价带来的损失（Bo et al.，2011）。Kerr and Ozel（2015）的实证结果表明，当公司盈利状况这类不确定性信息发布后，公司的债券发行和股票发行次数都将上升。Pagano et al.（1998）的实证结果发现，公司有动力在股票价值被高估的情况下上市。Huang et al.（2016）利用中国数据证明，中国监管层较长的增发审批期限给公司提供了择时增发，弥补增发折价的机会。Dittmar et al.（2020）认为当公司股价超过最近一次的历史增发价格时，股权再融资的概率将上升。因此，本书提出第三个假设：

H3：汇率风险敞口将使公司获得更大的股权再融资规模，这主要是通过内部人"择时"来实现的。

4.3　本章研究设计

4.3.1　样本数据选择

本书以 2006—2019 年，中国参与过定向增发、公开增发和配股的 A 股主板上市公司为样本，研究公司汇率风险敞口与再融资行为之间的关系。其中，股权类再融资和汇率数据来源于 Wind 数据库，财务数据来源于 CSMAR 数据库。

4.3.2　指标计算

1. 汇率风险敞口

按照 Adler and Dumas（1984）的方法将公司的汇率风险敞口定义为股价收益率在控制市场收益率下对汇率变动率的敏感性。对汇率变动的度量，本书参考 Krapl（2020）的做法，采用某种货币指数的变动来衡量汇率的变动。对于人民币汇率的变动，本书使用基于 CFETS 人民币汇率指数包含的全部 24 种货币合成的人民币汇率指数变动来衡量汇率的变动[①]。因此，可使用（4-1）式来计算公司的汇率风险敞口。

$$r_{it} = \alpha_{it} + \beta_{it} r_{Mt} + \gamma_{it} index_t + \varepsilon_{it} \qquad (4-1)$$

其中，r_{it} 表示公司 i 在 t 月的月股价收益率，r_{Mt} 表示市场在 t 月的月收益率，$index_t$ 表示由人民币汇率指数变动率表示的汇率在 t 月的月度变动率。本书按照 Krapl（2020）的做法，对每个公司 i，以 $[t-12, t]$ 为窗口进行滚动估计，即可得到公司 i 在 t 月上的估计系数 α_{it}、β_{it} 和 γ_{it}。由于我国从 2005 年 7 月 21 日开始进行汇率制度改革，得到的汇率风险敞口数据最早开始于 2006 年。按照之前的定义，（4-1）式中的系数 γ_{it} 即是公司的汇率风险敞口，记作 $Exposure\_raw_{it}$。由于公司汇率风险敞口的大小更多与其绝对值有关而与其符号无关，参考 Wei & Starks（2013），对汇率风险敞口取绝对值 $|Exposure\_raw_{it}|$，并换用 $Exposure_{it}$ 来表示。该绝对值将作为核心自变量在第二阶段中进行分析。

目前，已经有文献使用公司股价收益相对汇率变动的敏感性来估计公司层面的汇率风险敞口。例如，He et al.（2021[a]）发现在两次"汇改"后，无论是市场的整体价值，还是公司的自身价值与汇率的联动关系均显著增强，该研究还使用线性回归方法测量了公司层面的汇率风险敞口。这说明，将公司的股价收益对汇率变动率进行回归的做法，在一定程度上可以反映中国公司价值相对汇率变动的敏感性，它是公司层面汇率风险敞口的一种度量方式。当然，承认部分投资者非理性预期下的交易行为可能导致基于（4-1）式估计出的汇率风险敞口存在偏误。为了尽可能地减少偏

---

① 本书选取的人民币汇率指数，完全遵循了 CFETS 人民币汇率指数的构建方法，具体货币组成和权重，请参考《关于调整 CFETS 人民币汇率指数货币篮子的公告》，http://www.chinamoney.com.cn/。

误，在后续的稳健性检验中，分别尝试在控制动量因子和 Carhart 四因子的前提下，重新估计汇率风险敞口[①]，并使用它来重新估计本书的主要实证结果，以确保主要实证结果的稳健性。

2. 股权再融资折价收益率

参考 Altinkilic and Hensen (2003)，采用公司股权再融资的股票发行价格相较发行日前一交易日收盘价格的收益率来度量股权类再融资的折价收益率。如（4-2）式所示，P_t 是发行价格，P_{t-1} 为公司股权类再融资发行日前一日的收盘价，那么股权类再融资的折价收益率可以表示为

$$Discount = \frac{P_t - P_{t-1}}{P_{t-1}} \qquad (4-2)$$

这里将定向增发的发行价格、公开增发的增发价格和配股的配股价格作为股权再融资的股票发行价格（P_t）。该折价收益率通常为负，且折价收益率绝对值越大，表示股权再融资的间接成本越高。对于没有参与增发的公司，该变量取值为缺失值。考虑到可能的选择性偏误，后文使用了 Heckman 两步法进行了修正。

4.3.3　检验方法

1. 汇率风险敞口与股权再融资折价

$$Discount_{ijt} = \delta_0 + \delta_1 Exposure_{it-3} + \sum Controls + \varepsilon_{ijt} \qquad (4-3)$$

如（4-3）式所示，首先以公司 i 在 t 月的第 j 笔股权再融资折价收益率为因变量，以公司 i 在 $t-3$ 月的汇率风险敞口 $Exposure_{it-3}$ 为自变量进行回归。根据之前的分析，如果公司汇率风险敞口越高其再融资折价也越高，那么系数 δ_1 应当显著为负。

---

① 分别加入动量因子和 Carhart 四因子来估计汇率风险敞口，并检验了它们与（4-1）式估计出的汇率风险敞口的相关关系，结果表明，它们之间显著正向相关，限于篇幅，没有列示，如有兴趣，可向作者索取。

接下来，分别探究不同信息不对称水平下，汇率风险敞口与股权再融资折价的关系。如果汇率风险敞口加剧了公司大股东（经理人）与外部投资者的信息不对称，那么对于信息不对称程度较高的公司，相同的汇率风险敞口将带来更高的股权再融资折价。因此，引入公司信息不对称程度的代理变量（$Proxy$），以及它与公司汇率风险敞口的交乘项（$Exposure_{it-3} \times Proxy$），如（4-4）式所示：

$$Discount_{ijt} = \delta_0 + \delta_1 Exposure_{it-3} + \delta_2 Proxy_{it-1} + \delta_3 Exposure_{it-3}$$

$$\times Proxy_{it-1} + \sum Controls + \varepsilon_{ijt} \qquad (4-4)$$

如果 $Proxy_{it-1}$ 是与公司信息不对称程度正向相关的代理变量，预期系数 δ_1 应当显著为负；如果 $Proxy_{it-1}$ 是与公司信息不对称程度负向相关的代理变量，预期系数 δ_1 应当显著为正。

2. 汇率风险敞口、股权再融资规模与择时

本书还将分析汇率风险敞口对股权再融资规模的影响，首先，将引入以股权再融资规模（$Scale_{it}$）为因变量，以汇率风险敞口为自变量的模型，如（4-5）式所示：

$$Scale_{ijt} = \delta_0 + \delta_1 Exposure_{it-3} + \sum Controls + \varepsilon_{ijt} \qquad (4-5)$$

如果公司的汇率风险敞口是公司原有股东和新的外部股东的不对称信息（Myers and Majluf, 1984），公司内部人将采取"择时"发行，即在公司价值被高估的情况下进行股权再融资，那么系数 δ_1 将显著为正。同时为了进一步验证公司内部人的"择时行为"，引入公司汇率风险敞口与经行业调整后的 $Tobin\ Q$ 的交乘项（$Exposure_{it-3} \times Overvalue$），如果该项系数显著为正，说明内部人确实在公司价值被高估时进行"择时"，来掩盖汇率风险敞口这一不对称信息，进而谋求更大的股权再融资规模。

在控制变量（$Controls$）的选择上，本书参考 Bo et al.（2011），分别控制了股权再融资层面、公司层面和理论层面的相关变量。股权再融资层面，

本书控制了本次股权类再融资距上次股权类再融资的时间（Gap_{it}）、本次股权再融资后 3 年内有无新的股权再融资（$Next_{it}$）、股权再融资类型（$Type1_{ijt}$ 和 $Type2_{ijt}$）；公司层面，控制了公司是否国有（SOE_{it}）、总资产（$Asset_{it}$）、息税前利润（$EBIT_{it}$）、长期借款比率（$Debt_{it}$）、固定资产投资增速（$Invest_{it}$）、主营业务收入增长率（$Growth_{it}$）、经行业调整的股价收益率波动（$Volatility_{it}$）；理论层面控制了经行业调整的公司资产负债率（$Tradeoff_{it}$）（作为"权衡理论"的代理变量），经行业调整的 $Tobin\ Q$（$Overvalue_{it}$）（作为"择时理论"的代理变量），经行业调整的管理费用（EAE_{it}）（作为管理层代理成本的代理变量）。具体的相关变量的定义在表 4.1 中列示。

表 4.1　主要变量的定义

变量名	变量解释
被解释变量	
Discount	（股权再融资发行价格/增发前一日收盘价）－1
Scale	股权再融资规模（亿元）
核心解释变量	
Exposure	公司综合汇率风险敞口
控制变量	
Gap	本次股权再融资距上次股权再融资的时间
Next	本次股权再融资后 3 年内有无新的股权再融资，1 = 有，0 = 没有
Type1	是否定向增发，1 = 是，0 = 不是
Type2	是否公开增发，1 = 是，0 = 不是
SOE	是否国企，1 = 是，0 = 不是
Asset	总资产（10 亿元）
EBIT	息税前利润
Debt	长期借款的总资产占比
Invest	公司固定资产投资增速
Growth	公司主营业务收入增长率
Volatility	公司股价日收益率标准差 - 同行业同年份除该公司外其他公司平均股价日收益率标准差
Tradeoff	公司资产负债率 - 同行业同年份除该公司外其他公司平均资产负债率
Overvalue	公司 Tobin Q - 同行业同年份除该公司外其他公司平均 Tobin Q
EAE	公司管理费用 - 同行业同年份除该公司外其他公司平均管理费用

4.3.4　主要变量的描述性统计

本书的样本为 2006—2019 年中国 A 股主板上市公司。本书剔除了金融和地产行业的上市公司，剔除了被列入 ST 名单的上市公司。为了消除离群值对实证结果的影响，对主要变量在 1% 和 99% 分位数上进行了缩尾处理，如表 4.2 所示，列出了本书核心变量的描述性统计结果。

表 4.2　主要变量的描述性统计

变量名	样本量	均值	标准差	5%分位数	中位数	95%分位数
被解释变量						
Discount	1851	− 0.200	0.245	− 0.654	− 0.160	0.117
Scale	1851	16.896	33.455	1.500	7.768	59.400
解释变量						
Exposure	1851	1.429	1.164	0.115	1.181	3.560
控制变量						
Gap	1851	3.798	3.229	0.000	3.000	10.000
Next	1851	0.401	0.490	0.000	0.000	1.000
SOE	1851	0.319	0.466	0.000	0.000	1.000
Asset	1851	10.458	30.277	0.744	3.061	37.028
EBIT	1851	0.065	0.047	0.008	0.057	0.146
Debt	1851	0.046	0.077	0.000	0.007	0.224
Invest	1851	0.054	0.431	− 0.381	− 0.032	0.798
Growth	1851	0.231	0.357	− 0.189	0.164	0.928
Volatility	1851	− 0.001	0.008	− 0.011	− 0.001	0.011
Type1	1851	0.941	0.236	0.000	1.000	1.000
Type2	1851	0.029	0.168	0.000	0.000	0.000
Tradeoff	1851	− 0.035	0.300	− 0.357	0.002	0.286
Overvalue	1851	− 0.087	1.398	− 1.909	− 0.253	2.335
EAE	1851	− 0.033	0.236	− 0.044	− 0.006	0.044

4.4 本章实证结果

4.4.1 汇率风险敞口与股权再融资折价

为了得到汇率风险敞口对股权类再融资折价的影响，在不同的模型设定下对（4-3）式进行了估计，结果如表4.3所示。在表4.3第（1）至第（4）列的模型设定下，公司汇率风险敞口的增加将在1%的显著性水平下负向影响公司股权再融资的折价收益率。根据表4.3第（1）列的设定，公司汇率风险敞口每增加1个标准差，公司在再融资时将多承担2.91%（0.025×1.164）的折价；根据表4.3第（4）列的设定，公司的汇率风险敞口每上升1个标准差，将使公司在股权类再融资时多承担1.63%（0.014×1.164）的折价。这支持了第一个假设，汇率风险敞口增加了公司再融资时的折价。

为了确保基本实证结果的稳健性，将处于相同行业和年份的公司根据汇率风险敞口的大小分为6组，并定义了两个虚拟变量，*Exposure*1 和 *Exposure*6。其中，*Exposure*1 表示位于汇率风险敞口最低组内的公司，*Exposure*6 表示位于汇率风险敞口最高组内的公司。根据表4.3第（5）列的结果，发现汇率风险敞口较高的公司承担了相对较高的股权再融资折价，而汇率风险敞口较低的公司承担了相对较低的股权再融资折价。

表4.3 汇率风险敞口与股权再融资折价

变量名	（1）	（2）	（3）	（4）	（5）
	Discount	*Discount*	*Discount*	*Discount*	*Discount*
Exposure	-0.025 ***	-0.025 ***	-0.023 ***	-0.014 ***	
	(0.004)	(0.003)	(0.003)	(0.002)	
*Exposure*1					0.028 **
					(0.011)

续表

变量名	(1)	(2)	(3)	(4)	(5)
	Discount	Discount	Discount	Discount	Discount
Exposure6					-0.047 ***
					(0.010)
Gap		-0.007 *	-0.007 *	-0.007 *	-0.007 *
		(0.003)	(0.003)	(0.003)	(0.003)
Next		-0.072 ***	-0.071 ***	-0.035 ***	-0.037 ***
		(0.007)	(0.007)	(0.004)	(0.005)
SOE		0.030 *	0.030	0.021	0.021
		(0.015)	(0.016)	(0.019)	(0.019)
Asset		0.000	0.000	0.000	0.000
		(0.000)	(0.000)	(0.000)	(0.000)
EBIT		0.344 **	0.526 **	0.422 **	0.413 **
		(0.106)	(0.152)	(0.168)	(0.168)
Debt		0.152	0.095	0.132	0.130
		(0.098)	(0.107)	(0.076)	(0.070)
Invest		-0.009	-0.005	-0.014 **	-0.013 **
		(0.008)	(0.006)	(0.004)	(0.005)
Growth		0.030 **	0.026 **	-0.007	-0.006
		(0.011)	(0.009)	(0.012)	(0.012)
Volatility		-1.169 *	-0.753	-0.165	-0.139
		(0.555)	(0.721)	(0.626)	(0.624)
Type1		0.357 ***	0.361 ***	0.380 ***	0.379 ***
		(0.016)	(0.015)	(0.011)	(0.010)
Type2		0.456 ***	0.485 ***	0.497 ***	0.496 ***
		(0.017)	(0.021)	(0.032)	(0.030)
Tradeoff			0.068 ***	0.002	-0.001
			(0.005)	(0.012)	(0.012)
Overvalue			-0.009 *	-0.013 ***	-0.014 ***
			(0.004)	(0.003)	(0.003)

变量名	（1）	（2）	（3）	（4）	（5）
	Discount	*Discount*	*Discount*	*Discount*	*Discount*
EAE			0.040 **	0.036 ***	0.045 ***
			(0.016)	(0.008)	(0.007)
常数项	− 0.165 ***	− 0.506 ***	− 0.518 ***	− 0.552 ***	− 0.570 ***
	(0.005)	(0.008)	(0.007)	(0.013)	(0.014)
行业固定效应	No	No	No	Yes	Yes
年固定效应	No	No	No	Yes	Yes
N	1851	1851	1851	1851	1851
$Adj - R^2$	0.013	0.129	0.143	0.293	0.296

注：括号内为系数聚集在股权类再融资层面的标准误；＊、＊＊、＊＊＊分别表示在10%、5%和1%的水平上显著。

4.4.2 汇率风险敞口、信息不对称与股权再融资折价

为了验证公司的汇率风险敞口是否通过加剧公司内部人和外部投资者的信息不对称，进而影响公司的股权再融资折价。参考 Kang et al.（2018）和 Jiang et al.（2018）构建了以下衡量公司信息不对称程度的指标。（1）无形资产的总资产占比。由于公司的无形资产价值较难被评估，无形资产相对总资产占比较高的公司即为高信息不对称公司（Harris and Raviv，1991）。按行业和年份依据公司的无形资产总资产占比将全部公司分为 4 组，将无形资产总资产占比最高的公司赋值为 1（即 *High_ intang* =1），将其余公司赋值为 0（即 *High_ intang* =0）；（2）分析师的报道。Ellul and Panayides（2018）认为证券分析师报道可以降低公司信息不对称程度。因此，构建了年内跟踪某家公司证券分析团队人数（对数）（*Analyst*）和年内跟踪某家公司证券分析研报的数量（对数）（*Report*）。

表 4.4　汇率风险敞口、信息不对称与再融资折价

变量名	(1) Discount	(2) Discount	(3) Discount	(4) Discount	(5) Discount	(6) Discount
Exposure	−0.011 ***	−0.037 ***	−0.036 ***	−0.010 ***	−0.035 ***	−0.034 ***
	(0.003)	(0.009)	(0.009)	(0.003)	(0.009)	(0.008)
High_ intang	0.048 ***			0.047 ***		
	(0.006)			(0.007)		
Exposure × High_ intang	−0.018 ***			−0.017 ***		
	(0.003)			(0.003)		
Analyst		−0.001			−0.001	
		(0.009)			(0.009)	
Exposure × Analyst		0.014 **			0.014 **	
		(0.005)			(0.005)	
Report			0.002			0.002
			(0.008)			(0.008)
Exposure × Report			0.011 **			0.011 **
			(0.004)			(0.004)
Gap	−0.006 *	−0.006 *	−0.006 *	−0.007 *	−0.006 *	−0.006 *
	(0.003)	(0.003)	(0.003)	(0.003)	(0.003)	(0.003)
Next	−0.036 ***	−0.036 ***	−0.036 ***	−0.035 ***	−0.035 ***	−0.035 ***
	(0.004)	(0.004)	(0.004)	(0.005)	(0.005)	(0.005)
SOE	0.025	0.026	0.026	0.021	0.023	0.023
	(0.019)	(0.019)	(0.019)	(0.019)	(0.018)	(0.018)
Asset	0.000	0.000	0.000	0.000	0.000	0.000
	(0.000)	(0.000)	(0.000)	(0.000)	(0.000)	(0.000)
EBIT	0.306 *	0.160	0.138	0.420 **	0.262	0.238
	(0.142)	(0.150)	(0.162)	(0.167)	(0.179)	(0.194)
Debt	0.164 **	0.142 *	0.140 *	0.124	0.114	0.115
	(0.062)	(0.065)	(0.065)	(0.074)	(0.081)	(0.081)
Invest	−0.016 **	−0.021 ***	−0.022 ***	−0.014 **	−0.019 ***	−0.020 ***
	(0.005)	(0.004)	(0.004)	(0.004)	(0.003)	(0.004)

续表

变量名	（1）Discount	（2）Discount	（3）Discount	（4）Discount	（5）Discount	（6）Discount
Growth	-0.005	-0.008	-0.009	-0.008	-0.010	-0.011
	(0.011)	(0.013)	(0.012)	(0.012)	(0.014)	(0.013)
Volatility	-0.790	-0.740	-0.697	-0.219	-0.177	-0.141
	(0.484)	(0.404)	(0.403)	(0.621)	(0.562)	(0.566)
Type1	0.378 ***	0.377 ***	0.377 ***	0.381 ***	0.380 ***	0.380 ***
	(0.010)	(0.009)	(0.009)	(0.011)	(0.010)	(0.010)
Type2	0.489 ***	0.484 ***	0.485 ***	0.496 ***	0.491 ***	0.491 ***
	(0.029)	(0.028)	(0.028)	(0.030)	(0.030)	(0.031)
Tradeoff				0.005	-0.009	-0.011
				(0.012)	(0.011)	(0.012)
Overvalue				-0.013 ***	-0.013 ***	-0.013 ***
				(0.003)	(0.003)	(0.003)
EAE				0.034 ***	0.043 ***	0.043 ***
				(0.009)	(0.007)	(0.007)
常数项	-0.556 ***	-0.534 ***	-0.540 ***	-0.563 ***	-0.542 ***	-0.547 ***
	(0.014)	(0.025)	(0.026)	(0.013)	(0.023)	(0.023)
行业固定效应	Yes	Yes	Yes	Yes	Yes	Yes
年固定效应	Yes	Yes	Yes	Yes	Yes	Yes
N	1851	1851	1851	1851	1851	1851
$Adj-R^2$	0.291	0.298	0.300	0.294	0.302	0.303

注：括号内为系数聚集在股权类再融资层面的标准误；＊、＊＊、＊＊＊分别表示在10%、5%和1%的水平上显著。

　　如表4.4第（1）和第（4）列所示，对于无形资产占总资产比例较高的公司，相较其他公司而言，相同的汇率风险敞口将使其承担更高的股权再融资折价。具体地，无形资产占总资产比例代理变量与汇率风险敞口的交乘项系数显著为负。与上述结果相反，如表4.4第（2）和第（5）列所示，对于被较多分析师团队跟踪的公司，相同的汇率风险敞口会使其相较其他公司承担更低的股权再融资折价。

如表 4.4 第（3）和第（6）列所示，对于被较多公司研究报告跟踪的公司，相同的汇率风险敞口将使其获得相对较低的股权再融资折价。例如，当公司汇率风险敞口位于均值以上时，公司每获得一个新的分析师团队报道，其股权再融资折价收益率将上升 1.77 个百分点（1.429×0.011 + 0.002）。与之相似，获得较多研报跟踪的公司，其汇率风险敞口带来的股权再融资折价也将减少。

以上证据证明了，对于信息不对称程度较高的公司，相同的汇率风险敞口将使其承担更高的再融资折价。这进一步证明了汇率风险敞口加剧了公司内外部的信息不对称，进而使其承担更高的股权再融资折价。

4.4.3　汇率风险敞口与股权再融资规模

虽然汇率风险敞口增加了公司股权再融资时的折价，但是股东和管理层可以利用其与外部投资者的信息不对称，借助被高估的公司价值来掩盖公司的汇率风险，进而得到更大的股权类再融资规模。Bo et al.（2011）已证明当公司价值被高估时，其更倾向于发行股权类再融资工具。因此，为了验证第三个假设，以股权再融资规模为因变量，以汇率风险敞口为自变量进行实证检验，结果如表 4.5 所示。

如表 4.5 第（3）列所示，公司汇率风险敞口越高，其股权再融资的融资规模也显著越高。具体地，公司汇率风险敞口每增加 1 个标准差，公司股权再融资规模将显著增加 1.25（1.164×1.075）亿元。另外，引入了公司汇率风险敞口与行业调整后 *Tobin Q* 的交乘项（*Exposure × Overvalue*）。如表 4.5 第（6）列所示，交乘项系数在 5% 的显著性水平上显著为正。这说明，公司内部大股东和管理层会利用与外部投资者的信息不对称，在公司股价被高估时发行股权类再融资工具，掩盖其汇率风险敞口，从而获取更大的融资规模。因此，第三个假设得到了验证。

表 4.5　汇率风险敞口、择时与再融资规模

变量名	(1)	(2)	(3)	(4)	(5)	(6)
	Scale	Scale	Scale	Scale	Scale	Scale
Exposure	1.222 **	1.097 **	1.075 **	1.229 **	1.025 **	1.038 **
	(0.496)	(0.379)	(0.397)	(0.520)	(0.409)	(0.405)
Exposure × Overvalue				0.756 ***	0.760 **	0.755 **
				(0.206)	(0.262)	(0.263)
Gap	1.098 ***	1.041 ***	1.055 ***	1.076 ***	1.047 ***	1.048 ***
	(0.158)	(0.138)	(0.151)	(0.153)	(0.142)	(0.148)
Next	1.392	2.936 **	2.849 **	1.482	2.908 **	2.897 **
	(1.046)	(1.139)	(1.194)	(1.003)	(1.138)	(1.165)
SOE	9.323 ***	3.489 *	3.634 *	9.008 ***	3.709 *	3.704 *
	(2.468)	(1.796)	(1.664)	(2.282)	(1.685)	(1.643)
Asset		0.429 ***	0.431 ***		0.431 ***	0.431 ***
		(0.022)	(0.024)		(0.023)	(0.024)
EBIT		47.324	42.221		42.970	42.958
		(50.227)	(53.413)		(52.495)	(53.668)
Debt		6.596	8.208		7.019	6.991
		(21.520)	(19.435)		(20.343)	(19.146)
Invest		1.813	1.728		1.726	1.735
		(2.217)	(2.152)		(2.082)	(2.059)
Growth		−1.922	−1.772		−1.716	−1.705
		(1.747)	(1.885)		(1.803)	(1.902)
Volatility		−247.439 **	−274.378 **		−278.533 **	−278.717 **
		(91.084)	(78.829)		(82.384)	(83.080)
Type1	7.261 ***	5.546 ***	5.467 ***	7.300 ***	5.326 ***	5.348 ***
	(1.081)	(1.127)	(1.175)	(0.935)	(1.115)	(1.119)
Type2	12.727 ***	7.430 ***	7.170 ***	12.960 ***	7.061 ***	7.078 ***
	(3.120)	(0.943)	(1.163)	(3.287)	(1.182)	(1.210)
Tradeoff			0.148			0.063
			(2.503)			(2.469)

变量名	（1）	（2）	（3）	（4）	（5）	（6）
	Scale	Scale	Scale	Scale	Scale	Scale
Overvalue			0.594 *	− 1.791 ***	− 0.577	− 0.575
			(0.297)	(0.496)	(0.604)	(0.568)
EAE			1.057			0.886
			(1.597)			(1.587)
常数项	0.249	− 4.011	− 3.685	0.202	− 3.633	− 3.641
	(0.817)	(5.125)	(5.205)	(0.763)	(5.305)	(5.233)
行业固定效应	Yes	Yes	Yes	Yes	Yes	Yes
年固定效应	Yes	Yes	Yes	Yes	Yes	Yes
N	1851	1851	1851	1851	1851	1851
$Adj - R^2$	0.060	0.200	0.199	0.061	0.201	0.200

注：括号内为系数聚集在股权类再融资层面的标准误；* 、** 、*** 分别表示在10% 、5% 和1% 的水平上显著。

4.5　本章稳健性检验与其他的实证证据①

4.5.1　汇率风险敞口与累积平均超额收益率

为了进一步确保实证结果的稳健性，将核心因变量替换为以股权类再融资发行日计算的累积平均超额收益率。以事件发生前 ［−250，−20） 个交易日为估计期，以事件 ［−20，20］ 为事件窗口期，采用市场模型估计了 ［0，1］ 天的累积平均超额收益率、［0，2］ 天的累积平均超额收益率和 ［0，3］ 天的累积平均超额收益率。如表 4.6 Panel A 所示，上市公司

---

① 在未列示的结果中，检验了基于不同种货币或货币指数得到的汇率风险敞口与股权再融资折价的关系。在未发生兼并重组的子样本中，检验了汇率风险敞口与股权再融资折价的关系。

［0，1］天的累积平均超额收益率为 −0.20%，［0，2］天的累积平均超额收益率为 −0.40%，［0，3］天的累积平均超额收益率为 −0.60%。它们均在 1% 的显著性水平下为负，这说明，持有公司股票的机构和中小投资者认为，大股东和管理层的股权再融资行为稀释了他们的股权，因此给予显著为负的市场反应。

当分别以 CAR［0，1］、CAR［0，2］和 CAR［0，3］为因变量，以公司的汇率风险敞口为自变量进行实证检验时发现，公司汇率风险敞口的增加将负向显著增加公司的累积平均超额收益率。具体地，如表 4.6 Panel B 第（6）列所示，每当公司汇率风险敞口增加 1 个标准差，公司股权类再融资时［0，3］日内的累积平均超额收益率将下降 0.35 个百分点（ −0.003 × 1.164）。这再次印证了汇率风险敞口将加剧公司内部控制人和外部投资者的信息不对称，进而使公司在进行股权类再融资时，承担超额股价下跌的损失。

表 4.6　汇率风险敞口与累积平均超额收益率

Panel A						
CAR［0，1］	− 0.002 **	(0.001)	1815			
CAR［0，2］	− 0.004 ***	(0.001)	1815			
CAR［0，3］	− 0.006 ***	(0.002)	1815			

Panel B						
变量名	（1）	（2）	（3）	（4）	（5）	（6）
	CAR［0，1］	CAR［0，2］	CAR［0，3］	CAR［0，1］	CAR［0，2］	CAR［0，3］
Exposure	− 0.001 ***	− 0.002 **	− 0.003 **	− 0.001 ***	− 0.002 **	− 0.003 **
	(0.000)	(0.001)	(0.001)	(0.000)	(0.001)	(0.001)
Gap	− 0.000	0.000	− 0.000	− 0.000	0.000	− 0.000
	(0.000)	(0.000)	(0.000)	(0.000)	(0.000)	(0.000)
Next	− 0.002	− 0.001	0.000	− 0.002	− 0.001	− 0.000
	(0.003)	(0.004)	(0.006)	(0.003)	(0.004)	(0.006)
SOE	− 0.001	− 0.002	− 0.003	− 0.001	− 0.002	− 0.003
	(0.001)	(0.002)	(0.003)	(0.001)	(0.002)	(0.003)

Panel B

变量名	（1）	（2）	（3）	（4）	（5）	（6）
	$CAR\ [0,1]$	$CAR\ [0,2]$	$CAR\ [0,3]$	$CAR\ [0,1]$	$CAR\ [0,2]$	$CAR\ [0,3]$
Asset	0.000	0.000	0.000	0.000	0.000	0.000
	(0.000)	(0.000)	(0.000)	(0.000)	(0.000)	(0.000)
EBIT	−0.022	−0.022	−0.032	−0.023	−0.024	−0.029
	(0.030)	(0.046)	(0.053)	(0.034)	(0.053)	(0.058)
Debt	−0.008	−0.001	−0.012	−0.012	−0.002	−0.014
	(0.014)	(0.010)	(0.013)	(0.012)	(0.011)	(0.016)
Invest	0.004 ***	0.006 ***	0.007 *	0.004 ***	0.007 ***	0.008 *
	(0.001)	(0.002)	(0.003)	(0.001)	(0.002)	(0.003)
Growth	−0.001	−0.002	−0.003	−0.002	−0.002	−0.003
	(0.002)	(0.002)	(0.003)	(0.002)	(0.002)	(0.003)
Volatility	−0.192	−0.207	−0.229	−0.240	−0.240	−0.228
	(0.179)	(0.229)	(0.264)	(0.209)	(0.278)	(0.325)
Type1	0.010	0.012	0.012	0.010	0.012	0.013
	(0.008)	(0.012)	(0.014)	(0.008)	(0.012)	(0.014)
Type2	−0.008	−0.013	−0.016	−0.008	−0.013	−0.016
	(0.010)	(0.016)	(0.021)	(0.010)	(0.016)	(0.021)
Tradeoff				0.007	0.003	0.001
				(0.005)	(0.006)	(0.007)
Overvalue				0.001	0.000	−0.000
				(0.001)	(0.001)	(0.002)
EAE				0.007	0.014 **	0.020 **
				(0.004)	(0.005)	(0.007)
常数项	−0.006	−0.010	−0.010	−0.006	−0.009	−0.010
	(0.006)	(0.011)	(0.013)	(0.007)	(0.012)	(0.014)
行业固定效应	Yes	Yes	Yes	Yes	Yes	Yes
年固定效应	Yes	Yes	Yes	Yes	Yes	Yes
N	1815	1815	1815	1815	1815	1815
$Adj-R^2$	0.002	0.002	0.007	0.003	0.003	0.008

注：括号内为系数聚集在股权类再融资层面的标准误； * 、 ** 、 *** 分别表示在10%、5%和1%的水平上显著。

4.5.2　汇率风险敞口、发行费用和预案通过率

本书还检验了汇率风险敞口对于定向增发、配股的发行费用[1]和股权再融资的预案通过率的影响。这是汇率风险敞口对股权再融资直接成本的影响。Levis et al.（2014）证明了在金融危机期间，英国券商对该国公司的承销费用显著上升。而根据我国现行制度，股权再融资余额需由券商进行余额包销，余额的折价成本需由券商承担。为了弥补购买剩余折价股票的损失，券商将索取更高的增发或配股费用。使用公司定向增发和配股的发行费用（Fee，以公司总资产规模标准化），来分析汇率风险敞口带来的信息不对称对股权再融资发行成本的直接影响。如表 4.7 第（3）列所示，汇率风险敞口将在 5% 的显著性水平下增加公司定增和配股的发行费用。公司汇率风险敞口每提升 1 个标准差，定向增发和配股的发行成本将增加 1.98 个百分点（1.164×0.017）。这说明汇率风险敞口增加了公司信息不对称程度，不仅造成了再融资折价和负向累积平均超额收益率的隐性成本，还带来了发行费用增加的显性成本。

表 4.7　汇率风险敞口、发行费用和预案通过率

变量名	（1）	（2）	（3）	（4）	（5）	（6）
	Fee	Fee	Fee	Fail	Fail	Fail
	OLS	OLS	OLS	Probit	Probit	Probit
Exposure	0.023 **	0.020 **	0.017 **	0.250 ***	0.218 **	0.218 ***
	(0.007)	(0.008)	(0.007)	(0.052)	(0.091)	(0.076)
Gap	0.011	0.005	0.009	− 0.073 *	− 0.066 *	− 0.085 **
	(0.007)	(0.005)	(0.005)	(0.038)	(0.039)	(0.042)
Next	0.048 ***	− 0.011	− 0.016 **	0.274	0.296	0.349
	(0.008)	(0.007)	(0.006)	(0.355)	(0.392)	(0.485)

---

[1]　数据所限，缺少公开增发发行费用的数据。

续表

变量名	(1)	(2)	(3)	(4)	(5)	(6)
	Fee	Fee	Fee	Fail	Fail	Fail
	OLS	OLS	OLS	Probit	Probit	Probit
SOE	−0.009	−0.074 ***	−0.050 ***	0.334 **	−0.068	−0.079
	(0.007)	(0.005)	(0.008)	(0.132)	(0.256)	(0.285)
Asset	−0.002 ***	−0.002 ***	−0.001 ***	0.017 ***	0.032 ***	0.033 ***
	(0.000)	(0.000)	(0.000)	(0.003)	(0.004)	(0.005)
EBIT	0.708	0.101	−0.893 **	7.171 ***	5.628 *	6.616 **
	(0.416)	(0.353)	(0.272)	(1.910)	(3.080)	(2.753)
Debt	−0.612 ***	−0.869 ***	−0.428 ***	−1.752 **	−1.881	−0.427
	(0.030)	(0.037)	(0.034)	(0.842)	(1.348)	(1.662)
Invest	0.054	0.020	0.008	0.342 ***	0.230 *	0.364 ***
	(0.033)	(0.015)	(0.013)	(0.115)	(0.136)	(0.139)
Growth	−0.056 ***	−0.064 ***	−0.035 *	−0.585 ***	−0.664 ***	−0.652 ***
	(0.010)	(0.009)	(0.017)	(0.135)	(0.194)	(0.158)
Volatility	8.716 ***	7.409 ***	4.369 ***	3.044	−13.751	−12.983
	(1.039)	(0.610)	(0.851)	(9.498)	(9.705)	(8.381)
Type1	−0.034	−0.014	−0.019	−0.341	−0.408	−0.319
	(0.066)	(0.062)	(0.071)	(0.656)	(0.617)	(0.686)
Type2				−0.372	−0.168	
				(0.560)	(0.480)	
Tradeoff			−0.309 ***			0.352
			(0.026)			(0.265)
Overvalue			0.063 ***			−0.165 ***
			(0.011)			(0.046)
EAE			0.241 ***			12.924 ***
			(0.014)			(1.004)
常数项	0.451 ***	0.544 ***	0.575 ***	1.294 *	1.314 **	0.750
	(0.096)	(0.068)	(0.065)	(0.739)	(0.591)	(0.538)
行业固定效应	Yes	Yes	Yes	Yes	Yes	Yes

续表

变量名	（1）	（2）	（3）	（4）	（5）	（6）
	Fee	*Fee*	*Fee*	*Fail*	*Fail*	*Fail*
	OLS	OLS	OLS	Probit	Probit	Probit
年固定效应	No	Yes	Yes	No	Yes	Yes
N	1309	1309	1309	430	307	300
$Adj - R^2/P\_seudo\_R^2$	0.138	0.258	0.326	0.165	0.279	0.298

注：括号内为系数聚集在股权类再融资层面的标准误；*、**、***分别表示在10%、5%和1%的水平上显著。

　　汇率风险敞口同时增加了股权再融资的显性和隐性成本，这将降低股权再融资预案在董事会、股东大会和监管机构通过的概率。因此，换用股权再融资预案是否通过的数据，以公司股权再融资预案是否失败的虚拟变量（*Fail*）为因变量，进一步探究汇率风险敞口增加是否会提升股权再融资预案失败的可能性。根据表 4.7 第（6）列的结果，公司汇率风险敞口将在 1% 的水平下显著增加股权再融资预案失败的概率。

4.5.3　汇率风险敞口、融资融券标的与股权再融资折价

　　Diamond and Verrechia（1987）认为卖空限制阻碍了公司内部信息的价格发现、抑制了信息交易、延缓了公司负面信息的传播速度，并最终阻碍了股票的价格发现。Corwin（2003）还发现美国市场对做空规则施加限制将增加公司的股票增发折价。中国自 2010 年 3 月起，开始允许投资者在 A 股市场针对部分股票开展融资融券操作。Chang et al.（2014）的实证结果表明相关标的被列入融资融券名单后，股票定价效率提升，并且股票收益率波动性下降。因此，本书构建了两个与融资融券标的相关的变量：公司是否是融资融券标的（*Target*），公司股票当年融资融券交易额占总成交额的比例（*T_rate*）。

　　根据表 4.8 第（3）列的结果，当公司被列为融资融券标的后，公司

的汇率风险敞口将使公司承担较低的股权再融资折价。当公司汇率风险敞口位于其均值以上时，被列为融资融券标的公司的股权再融资折价将降低4.30个百分点（1.43 × 0.021 + 0.013）。另外，根据表4.8第（4）列的结果，对于融资融券交易额较高的公司，公司的汇率风险敞口也将使其承担相对较低的股权再融资折价。

这说明，融资融券交易使汇率风险敞口在公司日常的交易中，被更加有效地反映到公司的股票价格上，部分修正了汇率风险敞口所带来的股价高估和低估的现象。这样，当公司进行股权再融资时，汇率风险敞口将给融资融券标的公司带来较低的股权再融资折价。

表4.8　汇率风险敞口、融资融券与股权再融资折价

变量名	(1) Discount	(2) Discount	(3) Discount	(4) Discount
Exposure	− 0.019 ***	− 0.018 ***	− 0.018 ***	− 0.017 ***
	(0.002)	(0.002)	(0.001)	(0.002)
Target	0.012		0.013	
	(0.008)		(0.008)	
Exposure × Target	0.022 ***		0.021 **	
	(0.006)		(0.006)	
T_ rate		0.171 **		0.180 ***
		(0.049)		(0.050)
Exposure × T_ rate		0.086 **		0.078 *
		(0.035)		(0.038)
Gap	− 0.007 **	− 0.007 **	− 0.007 **	− 0.007 **
	(0.003)	(0.003)	(0.003)	(0.003)
Next	− 0.035 ***	− 0.035 ***	− 0.034 ***	− 0.034 ***
	(0.004)	(0.004)	(0.005)	(0.004)
SOE	0.019	0.018	0.016	0.015
	(0.022)	(0.022)	(0.021)	(0.021)
Asset	0.000	0.000	0.000	0.000
	(0.000)	(0.000)	(0.000)	(0.000)

续表

变量名	（1）	（2）	（3）	（4）
	Discount	*Discount*	*Discount*	*Discount*
EBIT	0.249	0.244	0.355 *	0.347 *
	(0.149)	(0.146)	(0.177)	(0.176)
Debt	0.161 **	0.152 **	0.129	0.123
	(0.057)	(0.054)	(0.071)	(0.069)
Invest	−0.019 ***	−0.020 ***	−0.017 ***	−0.018 ***
	(0.003)	(0.004)	(0.003)	(0.003)
Growth	−0.005	−0.005	−0.007	−0.007
	(0.011)	(0.012)	(0.012)	(0.013)
Volatility	−0.455	−0.470	0.107	0.099
	(0.457)	(0.471)	(0.595)	(0.605)
*Type*1	0.379 ***	0.378 ***	0.382 ***	0.381 ***
	(0.010)	(0.011)	(0.011)	(0.012)
*Type*2	0.493 ***	0.492 ***	0.499 ***	0.499 ***
	(0.033)	(0.032)	(0.035)	(0.035)
Tradeoff			−0.006	−0.009
			(0.013)	(0.014)
Overvalue			−0.013 ***	−0.013 ***
			(0.003)	(0.003)
EAE			0.038 ***	0.041 ***
			(0.008)	(0.008)
常数项	−0.542 ***	−0.544 ***	−0.550 ***	−0.552 ***
	(0.014)	(0.014)	(0.013)	(0.013)
行业固定效应	Yes	Yes	Yes	Yes
年固定效应	Yes	Yes	Yes	Yes
N	1851	1851	1851	1851
Adj − *R*^{2}	0.293	0.296	0.297	0.299

注：括号内为系数聚集在股权类再融资层面的标准误；* 、** 、*** 分别表示在10%、5%和1%的水平上显著。

4.5.4 汇率风险敞口、第二类代理冲突与股权再融资折价

汇率风险敞口对股权再融资折价的影响反映了投资者对第二类委托代理冲突的定价。新兴市场国家公司面临的主要代理问题是因控制权和现金流权分离而导致的第二类代理冲突，即大股东会利用手中的剩余控制权剥削小股东利益（La Porta et al.，1999；Young et al.，2008）。在较高的汇率风险敞口下，大股东收益的不确定性将上升，为了获取稳定的收益，大股东倾向于通过"掏空"（Jiang et al.，2010）等方式侵占小股东利益。在增发时，预期到这种代理冲突的投资者倾向于赋予更高的股权再融资折价以弥补之后大股东利益侵占带来的损失。因此，对于第二类代理冲突更严重的公司，其汇率风险敞口将导致更高的再融资折价。

为此，构建了两个衡量第二类代理冲突的指标：第一，将全部公司依据其前五大股东持股比例的赫芬达尔指数，按行业和年份排序，将位于前25%分位数的公司定义为高股权集中度公司，即 *High_ hold*；第二，将全部公司依据其两权分离度，按行业和年份排序，将位于前25%分位数的公司定义为高两权分离度公司，即 *High_ sep*。

在表4.9中，实证检验了在第二类代理冲突下，汇率风险敞口与股权类再融资折价的关系。根据表4.9第（5）列的结果，对于第一大股东持股比例较高的公司，其汇率风险敞口带来的再融资折价收益率将显著低于其他同类型公司。这说明，在第一大股东持股比例较高的公司，大股东更容易利用股权再融资侵占中小股东的利益，来弥补其汇率风险敞口可能带来的损失。而预期到这种冲突的新投资者赋予了这类公司更高的股权再融资折价。根据表4.9第（6）列的结果，对于两权分离度较高的公司，其汇率风险敞口也将导致更高的再融资折价。这同样部分反映了大股东在面临收益不确定性时可能采取的利益侵占行为。

表 4.9　汇率风险敞口、第二类代理冲突与股权再融资折价

变量名	（1）Discount	（2）Discount	（3）Discount	（4）Discount	（5）Discount	（6）Discount
Exposure	- 0. 011 ***	- 0. 011 **	- 0. 012 ***	- 0. 011 ***	- 0. 010 **	- 0. 009 ***
	（0. 002）	（0. 003）	（0. 003）	（0. 003）	（0. 003）	（0. 002）
High_ hold	0. 037		0. 030		0. 032	
	（0. 030）		（0. 032）		（0. 033）	
Exposure × High_ hold	- 0. 019 **		- 0. 018 **		- 0. 019 **	
	（0. 007）		（0. 008）		（0. 008）	
High_ sep		0. 001		0. 004		0. 003
		（0. 005）		（0. 005）		（0. 005）
Exposure × High_ sep		- 0. 017 ***		- 0. 018 ***		- 0. 018 ***
		（0. 003）		（0. 002）		（0. 003）
Gap	- 0. 005 *	- 0. 005 *	- 0. 006 *	- 0. 006 *	- 0. 007 *	- 0. 006 *
	（0. 003）	（0. 003）	（0. 003）	（0. 003）	（0. 003）	（0. 003）
Next	- 0. 041 ***	- 0. 046 ***	- 0. 036 ***	- 0. 041 ***	- 0. 035 ***	- 0. 039 ***
	（0. 005）	（0. 007）	（0. 004）	（0. 005）	（0. 004）	（0. 005）
SOE	0. 368 ***	0. 369 ***	0. 375 ***	0. 376 ***	0. 379 ***	0. 380 ***
	（0. 008）	（0. 008）	（0. 009）	（0. 011）	（0. 010）	（0. 011）
Type1	0. 494 ***	0. 497 ***	0. 488 ***	0. 490 ***	0. 495 ***	0. 497 ***
	（0. 025）	（0. 027）	（0. 027）	（0. 031）	（0. 029）	（0. 034）
Type2			0. 000	0. 000	0. 000	0. 000
			（0. 000）	（0. 000）	（0. 000）	（0. 000）
Asset			0. 303 *	0. 341 *	0. 414 **	0. 456 **
			（0. 136）	（0. 148）	（0. 160）	（0. 170）
EBIT			0. 170 **	0. 195 **	0. 134	0. 156
			（0. 060）	（0. 073）	（0. 071）	（0. 083）
Debt			- 0. 017 **	- 0. 017 ***	- 0. 014 **	- 0. 015 ***
			（0. 006）	（0. 004）	（0. 005）	（0. 004）
Invest			- 0. 005	- 0. 005	- 0. 007	- 0. 007
			（0. 012）	（0. 009）	（0. 012）	（0. 010）

变量名	（1）	（2）	（3）	（4）	（5）	（6）
	Discount	*Discount*	*Discount*	*Discount*	*Discount*	*Discount*
Growth			−0.752	−0.603	−0.163	0.010
			(0.489)	(0.539)	(0.630)	(0.694)
Volatility			0.023	0.022	0.020	0.018
			(0.019)	(0.021)	(0.018)	(0.020)
Tradeoff					−0.001	−0.000
					(0.012)	(0.010)
Overvalue					−0.014 ***	−0.014 ***
					(0.003)	(0.003)
EAE					0.039 ***	0.038 ***
					(0.009)	(0.008)
常数项	−0.509 ***	−0.502 ***	−0.549 ***	−0.546 ***	−0.557 ***	−0.554 ***
	(0.011)	(0.014)	(0.014)	(0.013)	(0.013)	(0.012)
行业固定效应	Yes	Yes	Yes	Yes	Yes	Yes
年固定效应	Yes	Yes	Yes	Yes	Yes	Yes
N	1851	1828	1851	1828	1851	1828
Adj − R²	0.283	0.283	0.289	0.290	0.293	0.294

注：括号内为系数聚集在股权类再融资层面的标准误；*、**、*** 分别表示在 10%、5% 和 1% 的水平上显著。

4.5.5　汇率风险敞口、汇率改革和股权再融资折价

由于汇率风险敞口和股权再融资折价之间可能存在内生性问题，本书试图通过发生于 2015 年 8 月 11 日的人民币汇率制度改革（"8·11 汇改"）来识别汇率制度改革与股权再融资折价之间的因果关系。在"8·11 汇改"后，人民币汇率改变了之前的单边升值趋势，开始双向波动。相较于"汇改"前，公司的汇率风险敞口显著上升（He et al.，2021a）。因此，本书定义了表示"汇改"前后的虚拟变量（*Shock*）。它在 2015—2018 年的时间段内取 1，表示"汇改"后；在 2011—2014 年的时间段取 0，表示"汇

改"前。由于表示"汇改"的虚拟变量与年固定效应呈完全共线性，在本回归中没有控制年固定效应。根据表 4.10 第（2）列的结果，在"8·11汇改"后，公司汇率风险敞口将使其承担更高的股权再融资折价。这说明，汇率制度改革后，公司汇率风险敞口提升，内外部信息不对称增加，外部投资者将赋予公司更高的股权再融资折价。

为了确保结果的稳健性，将全部公司依据汇率风险敞口的高低按年份和行业分为四组，最高的一组定义为高汇率风险敞口组（$High\_\ exposure = 1$），处于其他组的公司定义为 $High\_\ exposure = 0$，并引入了高汇率风险敞口与"汇改"前后的交乘项（$High\_\ exposure \times Shock$）。在此基础上，控制了年份和公司个体的固定效应，从而形成类似双重差分的模型设定。如表 4.10 第（4）列所示，"汇改"后，处于最高汇率风险敞口组别的公司将承担更高的股权再融资折价。

另外，将汇率风险最低的一组记作低汇率风险敞口组（$Low\_\ exposure = 1$）；并引入了低汇率风险敞口与"汇改"前后的交乘项（$Low\_\ exposure \times Shock$）。如表 4.10 第（6）列所示，汇率风险敞口最低的公司在"汇改"后其股权再融资折价变化不显著。以上实证结果说明了汇率风险敞口与股权再融资折价之间是因果关系而非简单的相关关系。

表 4.10　汇率风险敞口、汇率改革和股权再融资折价

变量名	（1）	（2）	（3）	（4）	（5）	（6）
	Discount	*Discount*	*Discount*	*Discount*	*Discount*	*Discount*
Exposure	0.008	0.012				
	(0.013)	(0.013)				
Shock	−0.004	−0.002				
	(0.018)	(0.019)				
Exposure × *Shock*	−0.040 **	−0.044 **				
	(0.015)	(0.015)				
High_ exposure			0.003	0.006		
			(0.019)	(0.018)		

变量名	(1) Discount	(2) Discount	(3) Discount	(4) Discount	(5) Discount	(6) Discount
High_ exposure × Shock			− 0. 041 **	− 0. 044 **		
			(0. 015)	(0. 016)		
Low_ exposure					0. 048 **	0. 047 **
					(0. 020)	(0. 019)
Low_ exposure × Shock					− 0. 022	− 0. 020
					(0. 029)	(0. 029)
Gap	− 0. 007 *	− 0. 007 *	− 0. 004	− 0. 004 *	− 0. 004	− 0. 004 *
	(0. 004)	(0. 003)	(0. 002)	(0. 002)	(0. 002)	(0. 002)
Next	− 0. 082 ***	− 0. 079 ***	− 0. 014	− 0. 012	− 0. 014	− 0. 012
	(0. 009)	(0. 009)	(0. 011)	(0. 010)	(0. 012)	(0. 012)
SOE	0. 028	0. 021	0. 253 **	0. 252 **	0. 225 *	0. 223 *
	(0. 029)	(0. 028)	(0. 104)	(0. 103)	(0. 115)	(0. 114)
Type1	0. 372 ***	0. 378 ***	0. 382 ***	0. 388 ***	0. 383 ***	0. 389 ***
	(0. 016)	(0. 016)	(0. 030)	(0. 027)	(0. 030)	(0. 028)
Type2	0. 449 ***	0. 460 ***	0. 464 ***	0. 467 ***	0. 471 ***	0. 476 ***
	(0. 008)	(0. 011)	(0. 021)	(0. 021)	(0. 020)	(0. 022)
Asset	0. 000	0. 000	− 0. 000	− 0. 000	− 0. 000	− 0. 000
	(0. 000)	(0. 000)	(0. 001)	(0. 001)	(0. 001)	(0. 001)
EBIT	0. 415 **	0. 614 **	0. 386	0. 481	0. 375	0. 468 *
	(0. 167)	(0. 196)	(0. 241)	(0. 255)	(0. 231)	(0. 245)
Debt	0. 376 ***	0. 243 **	0. 392 **	0. 331	0. 374 *	0. 316
	(0. 063)	(0. 081)	(0. 163)	(0. 193)	(0. 161)	(0. 190)
Invest	− 0. 013	− 0. 011	− 0. 002	− 0. 002	0. 001	0. 002
	(0. 008)	(0. 007)	(0. 013)	(0. 012)	(0. 013)	(0. 012)
Growth	0. 025 *	0. 015	0. 063 ***	0. 055 ***	0. 066 ***	0. 059 **
	(0. 012)	(0. 013)	(0. 013)	(0. 015)	(0. 015)	(0. 017)
Volatility	− 2. 509 ***	− 1. 893 **	− 1. 044	− 0. 841	− 1. 084	− 0. 880
	(0. 571)	(0. 657)	(1. 620)	(1. 763)	(1. 677)	(1. 819)

变量名	（1）	（2）	（3）	（4）	（5）	（6）
	Discount	*Discount*	*Discount*	*Discount*	*Discount*	*Discount*
Tradeoff		0.082 ***		0.043		0.039
		(0.012)		(0.077)		(0.071)
Overvalue		−0.010 **		−0.004		−0.004
		(0.004)		(0.009)		(0.008)
EAE		−0.321 **		−0.538		−0.549
		(0.093)		(0.427)		(0.400)
常数项	−0.526 ***	−0.538 ***	−0.680 ***	−0.689 ***	−0.688 ***	−0.696 ***
	(0.013)	(0.016)	(0.061)	(0.056)	(0.063)	(0.058)
个体固定效应	No	No	Yes	Yes	Yes	Yes
行业固定效应	Yes	Yes	No	No	No	No
年固定效应	Yes	Yes	Yes	Yes	Yes	Yes
N	1584	1584	1190	1190	1190	1190
$Adj - R^2$	0.152	0.159	0.431	0.430	0.433	0.432

注：括号内为系数聚集在股权类再融资层面的标准误；*、**、*** 分别表示在 10%、5% 和 1% 的水平上显著。

4.5.6　选择性偏差

由于使用股权类再融资的公司仅占全部公司的一部分，直接估计的结果可能存在样本选择性偏差。本书采用 Heckman（1979）的选择模型重新估计了汇率风险敞口和股权再融资折价的关系，以确保基本实证结果的稳健性。

如表 4.11 第（3）列所示，在第一阶段回归中，以公司是否进行股权再融资为因变量，以公司汇率风险敞口、财务层面控制变量和理论层面控制变量为自变量，利用 Probit 模型进行回归。结果发现，公司的汇率风险敞口在 1% 的显著性水平上显著提升其进行股权再融资的概率，这进一步印证了 Bo et al.（2011）和 Huang et al.（2016）所述的公司内部人将采取

"择时"行为来弥补汇率风险敞口所带来的增发折价。在第二阶段回归中，加入了根据第一阶段估计所得的逆米尔斯比率（*IMR*）以修正可能存在的选择性偏差。根据表4.11第（4）列的实证结果，发现汇率风险敞口仍将在5%的显著性水平上增加公司的股权再融资折价。这说明在选择性偏差修正下，汇率风险敞口和股权再融资折价的关系仍然成立。汇率风险敞口与股权再融资折价的关系更可能是因果关系而非简单的相关关系。在全部的回归中，由于未进行股权再融资的公司缺少发行层面的控制变量，没有控制股权再融资发行层面的控制变量。

表 4.11　选择性偏差修正后的汇率风险敞口与股权再融资折价

变量名	（1）	（2）	（3）	（4）
	SEO	*Discount*	*SEO*	*Discount*
	Stage1	Stage2	Stage1	Stage2
Exposure	0.114 ***	− 0.022 **	0.115 ***	− 0.023 **
	(0.015)	(0.009)	(0.015)	(0.008)
IMR		− 0.098		− 0.111
		(0.112)		(0.098)
SOE	− 0.134 ***	0.015	− 0.090 **	0.013
	(0.034)	(0.016)	(0.035)	(0.016)
Asset	− 0.002 ***	0.000 **	− 0.002 ***	0.000 **
	(0.000)	(0.000)	(0.001)	(0.000)
EBIT	0.280	0.369	0.364	0.406 *
	(0.328)	(0.202)	(0.333)	(0.196)
Debt	0.351	0.070	0.616 **	0.054
	(0.216)	(0.076)	(0.246)	(0.081)
Invest	0.044	− 0.015 *	0.043	− 0.017 *
	(0.035)	(0.008)	(0.035)	(0.008)
Growth	0.334 ***	− 0.019	0.331 ***	− 0.023
	(0.045)	(0.032)	(0.045)	(0.028)
Volatility	6.744 ***	− 1.126 **	6.997 ***	− 1.319 **
	(2.215)	(0.447)	(2.292)	(0.428)

续表

变量名	(1)	(2)	(3)	(4)
	SEO	*Discount*	*SEO*	*Discount*
	Stage1	Stage2	Stage1	Stage2
Tradeoff	1.026 ***	− 0.090	1.032 ***	− 0.101
	(0.085)	(0.094)	(0.086)	(0.077)
Overvalue	0.036 ***	− 0.013	0.039 ***	− 0.015 **
	(0.013)	(0.007)	(0.013)	(0.006)
EAE	− 0.568 ***	0.078	− 0.543 ***	0.082
	(0.069)	(0.055)	(0.071)	(0.045)
常数项	− 1.666 ***	− 0.064	− 1.711 ***	− 0.044
	(0.056)	(0.171)	(0.374)	(0.149)
行业固定效应	No	No	Yes	Yes
年固定效应	Yes	Yes	Yes	Yes
N	12688	1859	12678	1858
$Adj - R^2 / Pseudo - R^2$	0.097	0.211	0.100	0.221

注：括号内为系数聚集在股权类再融资层面的标准误；*、**、***分别表示在10%、5%和1%的水平上显著。

4.6　本章结论与政策建议

本章使用中国上市公司 2006—2019 年的数据，从信息不对称视角研究了公司汇率风险敞口和股权再融资折价之间的关系。结果发现，公司汇率风险敞口将使公司在股权再融资时承担更高的股权再融资折价；汇率风险敞口使内外部信息不对称严重的公司承担更高的股权再融资折价；公司的汇率风险敞口对应着较高的股权再融资规模，这主要是通过"择时"发行股票来实现的。

进一步地，本书还提供了汇率风险敞口通过增加公司信息不对称程度，从而增加公司股权再融资折价的其他证据。本书发现，公司汇率风险敞口将导致其进行股权再融资时承受更加负向的累积平均超额收益率。公司的汇率风险敞口还将使公司进行定向增发和配股时承担更高的发行成本和更高的股权再融资预案失败概率。"融资融券"实施后，公司股票的交易限制被解除，汇率风险敞口导致的股权再融资折价将降低；在大股东和中小股东代理冲突较严重的公司，汇率风险敞口将使其承担更高的股权再融资折价。此外，借助"8·11汇改"这一外生政策冲击缓解了汇率风险敞口和股权再融资折价的内生性问题。使用 Heckman 模型修正了可能存在的选择性偏误。

本书对降低公司的股权再融资成本，提升资本市场的融资效率具有重要的政策价值。根据本书的主要研究结果，提出以下几条政策建议。

（1）公司应当建立规范的内部信息披露机制，降低公司内外部信息不对称程度，从而降低公司股权再融资时的折价和发行费用，提升股权再融资预案的通过概率。公司应当构建合理的股权结构，抑制大股东对中小股东的利益侵占行为，进而降低股权再融资折价。结合当前的注册制新规，一方面，注册制新规对公司的风险披露提出了更高的要求，并且明确了信息披露中"董监高"、控股股东和实际控制人等主体的责任。公司需要结合自身的行业特征如实披露自身的汇率风险，以达到注册制发行规则的要求，避免因刻意隐瞒汇率风险而遭到监管部门的处罚。另一方面，注册制下，公司进行股权再融资的发行程序被简化，再融资数量将进一步上升，股权再融资的定价将更加趋于市场化。投资者的信息获取能力和利用信息进行投资的能力会进一步提升。如果公司不能如实地、准确地披露汇率风险，将会面临投资者更加负面的市场定价，进而不得不面临更高的股权再融资成本。

（2）"汇改"后，公司要树立"风险中性"的观念，及时采用经营对冲或衍生品对冲方式，对冲自身的汇率风险，降低股权再融资成本。"8·11汇改"后，人民币汇率在合理均衡水平上变得更有弹性，公司进一步成为了管理汇率风险的主体。由于缺乏管理汇率风险的经验，公司出现了不适应、不协调的现象，公司价值对汇率变动的敏感性提升，表现为更高的汇率风险敞口。股权再融资是一种定价相对市场化的融资方式，这意味着"汇改"后，公司汇率风险敞口的上升会被更加显著地计入公司的股权再融资成本中。为了降低股权再融资成本，公司需要保持公司价值对汇率波动的相对中性，同时采用合适的工具管理自身的汇率风险，从而降低自身的融资成本。

（3）监管机构应当适度扩大融资融券的标的范围和交易规模，提升公司股价反映汇率风险敞口的能力，从而降低相关公司的股权再融资成本。由于存在交易限制，汇率变动给公司所带来的风险可能不会被即时地反映到公司的股价当中。公司股价相对其汇率风险存在一定的定价偏差。当公司进行股权再融资时，公司的汇率风险敞口被投资者计入股权再融资折价，这使公司在股权再融资时面临较高的成本。而"融资融券"制度给予了投资者一个在日常交易中纠正公司汇率风险被错误定价的机会，公司的汇率风险敞口被更加即时地反映到股票日常交易价格当中，汇率风险敞口引发的股权再融资折价会下降。因而，监管机构应当考虑适时扩大"融资融券"标的范围和规模，降低那些高汇率风险敞口公司的股权再融资成本。

（4）公司和监管机构均应当积极采取措施，共同抑制大股东对中小股东在股权再融资时的利益侵占行为，从而降低汇率风险所带来的股权再融资成本。本书的结论表明，汇率风险所引发的大股东和中小股东之间的代理问题，是导致公司承担额外股权再融资成本的重要原因。因而，为了降低股权再融资成本，公司层面应当构建合理的股权结构，抑制大股东对中小股东的利益侵占，进而抑制汇率风险所引发的股权再融资折价。监管层面也应当采取对应的举措，敦促公司设立相应制度（如累积投票权制度），来约束大股东相关代理行为，从而降低汇率风险较高的公司在股权再融资时的融资成本。

第5章 汇率风险敞口与公司债的风险溢价

    本书以中国2006—2019年发行的全部上市公司债券为研究对象，探讨了汇率风险敞口对公司债到期收益率风险溢价的影响及潜在的作用机制。研究结论表明，公司更高的汇率风险敞口将增加公司债券到期收益率的风险溢价和公司的预期违约率。其中，公司汇率风险敞口每增加1个标准差，公司债的风险溢价增加5个基点。公司更高质量的信息披露将降低汇率风险敞口的风险溢价。债券持有者作为"外部人"无法掌握公司涉外业务的实际信息，公司的境外业务收入、子公司投资和外汇衍生品使用无法调节汇率风险敞口和公司债风险溢价的关系。进一步地，公司的汇率风险敞口将增加公司债的发行溢价，增加公司在债务危机中的损失。公司的汇率风险敞口将激化股东和债权人的利益冲突，导致更多的低效率投资。在融资约束更严重的公司中，汇率风险敞口将更显著地增加公司债的风险溢价。本书借助"8·11汇改"的外生冲击识别了汇率风险敞口和公司债风险溢价的因果关系。本研究为汇率风险敞口对公司债券融资行为的影响提供了新的证据，同时也从不确定性和信息不对称视角为汇率风险敞口对公司债风险溢价的影响作出了解释。

5.1　本章引言

2000 年以来，中国公司债市场规模迅速增长，根据 Wind 数据库的统计，截至 2020 年 12 月 31 日，公司债存量余额已经由 2000 年年底的 409 亿元增加到 2020 年年底的 49.8 万亿元。债券融资已经成为中国公司的重要直接融资渠道。然而，自 2014 年的超日债违约事件发生后，公司债的违约风险成为投资者日益关注的问题。2020 年，永州煤业的债券违约事件进一步引发了债券投资者对国有企业信用风险的担忧。如何识别和化解中国债券市场的违约风险，进而降低公司债券的到期收益率和融资成本成为当前学术界和业界亟待解决的热点问题。

目前，国内对到期收益率和公司债违约的研究主要集中在以下几个方面：债券评级（何平和金梦，2010），产权性质和信息质量（方红星等，2013），债券的契约条款（史永东和田渊博，2016），散户投资者（钟宁桦等，2018），大客户和承销商（王雄元和高开娟，2017a），客户集中度（王雄元和高开娟，2017b），流动性风险（纪志宏和曹媛媛，2017），高管的任职经历（林晚发等，2018）等方面。上述研究主要从微观层面分析了影响公司债风险溢价和违约概率的因素。但是，目前尚没有一篇文献关注汇率风险敞口对公司债违约概率和到期收益率的影响。

随着中国公司境外业务规模的逐步扩大，公司越来越暴露于境外经营的汇率风险中。特别是在 2015 年 8 月 11 日汇率制度改革后，人民币汇率波动幅度明显增加，汇率变动对公司价值的影响日益显著。对于不同类型和不同行业的公司而言，汇率风险对公司价值的影响是有差异的（He et al.，2021a）。这些差异受到公司境外经营、境外子公司投资、汇率风险对冲方式、财务状况、公司间的竞争关系以及国家间和产业竞争关系等方面的影响（Bartram et al., 2010；He et al., 2021a；Hodder, 1982；He et al., 2021b）。它们共同作用使不同公司间形成了差异性的汇率风险敞口，进而导致公司价值或公司股价在汇率变动时呈现差异化的波动。同时，公司的境外经营、子公司投资和风险对冲的实际状况是公司的非公开信息。这些因素直接影响公司内外部的信息不对称程度。

公司价值不确定性将影响公司的违约概率和相关债券的价格（Lu et al., 2010）。公司内部股东和外部投资者的信息不对称将影响公司债的定价（Cai et al., 2007；Han and Zhou, 2014）。因此，公司的汇率风险敞口同时影响了不确定性和信息不对称程度。这就引出了一系列亟待研究的问题：差异性的汇率风险敞口会不同程度地影响公司债的违约风险和公司债的到期收益率吗？如果是，汇率风险敞口通过哪些渠道影响公司债的风险溢价？其中的作用机制又是怎样的？研究这些问题不仅有助于弄清汇率风险敞口的微观经济后果，也将丰富宏观层面影响公司债风险溢价的因素。

为了回答以上几个问题：本章基于2006—2019年中国A股上市公司的公司债数据和公司层面的股价及财务数据，估计中国上市公司的汇率风险敞口，实证检验了汇率风险敞口对公司债风险溢价和违约概率的影响，并解释了背后的作用机制。本章研究发现：公司汇率风险敞口将增加公司债到期收益率的风险溢价和公司的预期违约概率。更充分的信息披露将减少公司汇率风险敞口带来的公司债风险溢价。债券投资者是公司信息的外部人，公司的内部信息（包括境外业务收入、子公司投资和衍生品使用）将无法调节汇率风险敞口和公司债风险溢价的关系。稳健性检验和其他证据中，公司汇率风险敞口将增加公司债的发行溢价。公司相对发达国家货币和新兴市场国家货币的汇率风险敞口均将显著增加公司债的风险溢价。公司的汇率风险敞口将导致公司价值在债务危机发生时蒙受更大损失。公司汇率风险敞口和公司债风险溢价的关系反映了股东和债权人之间的利益冲突。这表现为：汇率风险敞口将导致公司股东以损害债权人利益为代价进行高风险、低效率的投资；并且在融资约束较严重的公司，股东和债权人利益冲突更加严重。因此汇率风险敞口在这类公司中更显著地增加公司债券的风险溢价。最后，借助"8·11 汇改"这一外生政策冲击，识别了汇率风险敞口和公司债风险溢价的因果关系。

本章的研究贡献包括以下几个方面。首先，本章丰富了公司汇率风险敞口对公司融资成本的相关研究。目前，仅有 Francis and Hunter（2012）研究了公司汇率风险敞口对其贷款成本的影响，鲜有文献讨论公司汇率风险敞口对其直接融资成本的影响。本章从公司债风险溢价的视角，估计了汇率风险敞口对公司债到期收益率溢价和发行溢价的影响。这进一步丰富了公司信用风险和违约率的影响因素。其次，本章为降低公司债券的融资成本提供了思路。既然汇率风险敞口通过增加公司价值不确定性和公司内外的信息不对称程度，进而增加了公司债的风险溢价，那么为了降低公司债的融资成本，公司必须合理管理自身的汇率风险敞口，提升公司信息披露水平，抑制大股东的利益侵占行为。这样才能降低汇率风险敞口带来的公司债溢价，最终降低公司债的发行成本。最后，本章借助"8·11 汇改"这一外生冲击，进一步证明了汇率风险敞口和公司融资成本之间的因果关联。

5.2　本章文献综述与研究假设

汇率风险敞口被定义为：公司价值对汇率变动的敏感性（Adler and Dumas，1984）。在相同的汇率波动下，公司汇率风险敞口越大，公司价值变动越剧烈（He et al.，2021a）。现有文献对汇率风险敞口的研究主要集中在估计方法（He and Ng，1998；Bartram，2004；Boudt et al.，2016）、汇率风险敞口的决定因素（Wei and Starks，2013；Hutson and Laing，

2014；He et al. , 2021a；He et al. , 2021b）、对冲汇率风险敞口的途径（Bartram et al. , 2010；Hoberg and Moon, 2017）等方面。但是，当前文献缺少汇率风险敞口经济后果的研究，特别是缺乏汇率风险敞口影响公司融资成本的实证研究。

汇率风险敞口主要通过两个方面影响公司债的风险溢价：一是汇率风险敞口增加了公司价值的不确定性，进而增加了公司债的风险溢价；二是汇率风险敞口增加了公司内外部人的信息不对称程度，进而增加了公司债的风险溢价（Lu et al . , 2010）。

基于不确定性角度，Zhang（2006）将不确定性定义为公司未来价值的模糊性，即投资者不了解标的资产未来价值的分布情况。不确定性通常由公司价值的波动性来衡量。根据 Merton（1974），公司负债的价值可以视为无风险债券的价值减去以公司价值为标的的看跌期权的价值。该期权的执行价格等于公司负债的账面价值，它反映了股东的有限责任。当公司总价值低于负债的账面价值时，违约事件发生。给定相同的汇率波动幅度，对于汇率风险敞口较大的公司，公司价值表现出更大幅度的波动（He et al. , 2021a）。这类公司的总资产价值更可能低于总负债的价值，具有更高的违约概率。因此，债券投资者将要求更高的到期收益率，即更高的公司债风险溢价。

目前，已经有大量的证据证明公司的不确定性将负面影响投资者对未来公司价值的估计。Ang et al.（2009）发现较高的股价非系统性波动将降低未来的平均股票收益。Lu et al.（2010）发现不确定性信息增加了公司债券的风险溢价。Guntay and Hakbarth（2010）实证了公司未来盈利的不确定性增加了公司债券的信用风险溢价。

另外，其他实证证据和模型证明了宏观经济层面的波动性和不确定性将影响相关资产的风险溢价。汇率波动是宏观经济层面的不确定性的一种，汇率风险敞口将汇率变动与公司价值相联系。因此，汇率风险敞口也将影响公司的风险溢价。具体地，宏观不确定性对相关融资工具的风险溢价影响的证据包括股价受宏观经济政策不确定性负向影响的公司将被投资者索取更高的要求回报率。这部分要求回报率被称为不确定性溢价（Bali et al.，2017）。Waisman et al.（2015）发现政治政策的不确定性将导致公司更高的债务融资成本。Ashraf and Shen（2019）发现经济政策不确定性增加将提升银行贷款价格。Buraschi et al.（2014）使用理论模型，证明了经济增长的不确定性增加了公司债券的风险溢价。

基于信息不对称性角度，Lu et al.（2010）将信息不对称定义为市场参与者对同一投资品具有不相同的信息集。相较于债券投资者，公司大股东拥有更多涉及公司境外经营状况的内部信息，例如，公司的境外经营的实际状况，公司境外子公司投资的实际情况和外汇衍生品的使用状况（Francis and Hunter，2012）。在债券发行前，外部投资者仅能观察到公司的汇率风险敞口，但无法确定汇率风险敞口的高低是否反映了公司长期汇率风险的差异。在信息不对称情况下，汇率风险敞口成为债券投资者评估公司汇率风险的首选因素，更高的汇率风险敞口代表了更高的信用风险，导致公司债券更高的风险溢价。

此外，在债券发行后，当汇率变动导致公司价值变动时，公司内外部的不对称信息将诱发公司内部股东和外部债权人的利益冲突（Liao et al.，2009）。具体地，当汇率发生较大幅度变动时，汇率风险敞口较高的公司更可能面临破产危机。在破产威胁下，公司大股东将利用自身的信息优势，以损害债权人利益为代价，进行高风险低效率的投资，以达到摆脱危机甚至获得高额收益的目的（Wei and Starks，2013；Huston and Laing，2014）。债券投资者在进行债券投资时，由于预期到股东潜在的机会主义行为，为了补偿信息不对称下可能面临的事后损失，将索取较高的债券到期收益率。

其他实证证据也表明更高的信息不对称程度将导致更高的公司债风险

溢价。Cai et al.（2007）发现信息不对称导致相关公司在首次发行债券和二次增发债券时，承担更高的债券发行折价。这是因为债券发行方较债券投资者拥有更多的公司内部信息。债券投资者担心发行人在发行前掩盖了公司的负面信息，故而在发行时索取更高的风险溢价（Güntay and Hackbarth，2010）。在发行后，Han and Zhou（2014）的实证结果表明，投资者之间的信息不对称将导致更高的债券到期收益率溢价。Derrien et al.（2016）发现公司证券分析师的减少，将导致公司债券融资成本的显著上升。因此，公司严重的信息不对称也将导致公司债券较高的风险溢价。更直接地，部分文献发现，公司境外经营增加了公司信息的模糊性。这种模糊性增加了公司的贷款成本。例如，公司跨国经营和开设分支机构（Fillat and Garetto，2015），使公司的实际经营状况变得不透明。银行将不透明的公司信息视为公司的风险，因而给予这类公司更加不利的贷款条件（Ge et al.，2016）。因此，本书提出第四个假设：

H4：汇率风险敞口将增加公司债券的风险溢价。

债券的汇率风险敞口溢价的背后是公司违约概率的增加。更大的汇率风险敞口同时增加了公司价值的不确定性以及股东和债权人信息不对称程度，进而增加了公司的债务违约概率。公司汇率风险敞口越高，其现金流和价值的波动性在汇率变动的影响下显著增加，不确定性显著上升。在美国的不同行业之间，汇率风险敞口最高行业的平均风险敞口约是最低行业的23倍。这意味着在相同汇率变动下，位于最高汇率风险敞口行业内的公司价值的平均波动幅度约是位于最低行业内公司价值的23倍（Chaieb and Mazzotta，2013）。在中国不同的行业之间，汇率风险敞口最高行业的平均风险敞口约是最低行业的11倍。这意味着，在中国，在相同汇率波动下，汇率风险敞口最高行业内的公司价值的平均波动幅度约是最低行业内公司价值的11倍（He et al.，2021b）。汇率风险敞口增加了公司价值的不确定性，更高的不确定性将带来更高的违约概率（Bharath and Shunmway，

2008）。Zhang et al.（2009）发现公司股价的波动性风险解释了 48% 的信用违约互换溢价。Giesckeke et al.（2011）基于 150 年的历史数据发现公司股价收益率的波动性可以很好地预测公司的违约概率。

较高的汇率风险敞口反映了公司境外经营、境外投资和外汇风险对冲等活动的复杂性（Bartram et al.，2010）。这些公司活动增加了公司内外部的信息不对称程度。债券投资者无法正确解读汇率风险敞口背后实际的汇率风险，仅能将更高的汇率风险敞口视为公司违约概率的增加。一方面，公司的涉外业务和汇率风险对冲行为增加了公司内外的信息不对称。O Donnell（2000）认为跨国经营的公司中，总公司和境外分公司之间经营环境差异导致了信息不对称。Aabo et al.（2015）发现跨境经营增加了公司信息的模糊性。Chen et al.（2018）认为避税性质的境外收入转移增加了公司的信息不对称程度。

另一方面，公司境外经营时的信息不对称助长了公司的机会主义行为。Dyreng et al.（2012）发现跨国公司利用广阔的境外经营网络进行盈余管理。Blouin et al.（2012）和 Richardson et al.（2020）的实证研究表明公司利用境外分支机构避税和资产转移。Ge et al.（2016）认为跨国公司将境外公司开设在法律制度薄弱、信息保密程度高的地区。这加大了资金提供者的监管难度，并且增加了跨国公司的信用风险。

相关实证研究也表明信息不对称导致了公司更高的违约概率。Cassar et al.（2015）发现外部评级较高的公司，信息不对称程度较低，公司债的违约概率也相应较低。Miller（2015）通过准自然实验发现，拥有借款人更多信息的贷款方借出资金的违约概率更低。据此，具有汇率风险敞口的公司同时增加了公司价值的不确定性和公司的信息不对称程度。这两点共同导致了公司违约概率的增加。因此，本书提出第五个假设：

H5：汇率风险敞口将增加公司债券的违约概率。

汇率风险敞口通过不确定性和信息不对称两个渠道影响公司债的风险

溢价。在信息披露较完善的公司，汇率风险敞口将带来较低的公司债风险溢价。相关实证研究已经证明了完善的信息披露有助于降低公司债的信用风险溢价。Wang and Zhang（2009）发现信息敏感型机构投资者将提升被投资公司的信息透明度，进而降低公司债券的信用风险溢价。Mansi et al.（2011）发现分析师的预测包含重要的公司信息，它将显著地减少公司债券的风险溢价。这种效应在信息不对称程度较高的公司中尤其显著。Gong et al.（2018）基于中国数据发现，更清晰的企业社会责任披露将降低公司债券的融资成本。Hu et al.（2019）发现中国引入独立评级机构后，相关公司的信息披露更加完善，这降低了公司债的风险溢价。

现有文献通常采用下列两类指标来衡量公司的信息披露水平。其一，基于证券分析师层面构建的公司信息披露指标。跟踪某家公司的分析师数量和研究报告数量是衡量公司信息不对称程度的重要指标（Kang et al.，2018；Chakravarty and Rutherford，2017；Valta，2012）。分析师对公司的跟踪将提升公司的信息披露水平（Auotore and Kovacs，2014）。分析师的报告可以使公司的更多信息为市场投资者所了解。其二，交易所对公司信息披露水平的评价。辛清泉等（2014）认为深交所的信息披露指数较好地衡量了公司信息披露情况，指数的分值越高表示公司的信息披露状况越好。根据以上相关事实，本书提出第六个假设：

H6：完善的信息披露将降低汇率风险敞口的公司债风险溢价。

债券持有人相较公司大股东是公司内部信息的外部人（La Porta et al.，2000）。汇率风险敞口隐含的公司境外经营、投资和汇率风险对冲等内部信息无法被债券投资者了解（Francis and Hunter，2012）。而公司债券投资者通常依据公开信息而非公司内部的私有信息进行投资（Chen and Qin，2017）。同时，公司境外经营、境外负债和外汇衍生品使用的相关信息将集中体现在汇率风险敞口上（Bartram et al.，2010；Beatty，2012）。相较银行，债券投资者不具备公司内部信息的优势（Li et al.，2019；Bolton et al., 2000), 债券投资者无法了解公司境外经营、境外投资和外汇衍生品使用的实际状况, 仅能凭借直观的汇率风险敞口对公司债券进行定价。根据以上事实, 结合债券投资者的特点, 本书提出第七个假设:

H7: 债券投资者是公司信息的外部人, 公司的境外经营、境外投资和外汇衍生品对冲行为等公司内部信息无法调节汇率风险敞口和公司债风险溢价的关系。

5.3 本章研究设计

5.3.1 样本数据选择

本书样本为 2006—2019 年全部 A 股主板上市公司发行的公司债券的发行数据和交易数据。参考 Ang et al. (2018) 的处理方法, 剔除了距到期期限不足一年的和附带权益工具的债券。同时, 剔除了城投债券, 这是考虑到其信用风险更多由地方政府的隐性担保所决定 (Chen et al., 2020)。接下来, 按照公司债券的发行主体将公司债券数据与上市公司的财务数据进行了匹配。最终, 3135 家公司债券的发行数据和 7453 笔公司债券的交易数据进入样本中。其中, 公司债券的发行, 交易数据以及双边汇率数据来源于 Wind 数据库。而公司的财务数据来源于 CSMAR 数据库。

5.3.2 指标计算

1. 汇率风险敞口的计算

参考 Adler and Dumas (1984) 和 Jorion (1990) 的做法, 本书的汇率风险敞口被定义为公司股价收益在控制市场收益下对汇率变动的敏感系数。为了完整刻画人民币相对"一篮子"货币的汇率变动, 用人民币汇率指数的变动来衡量人民币汇率的变动。参考 CFETS 人民币汇率指数的构建方法和货币权重，使用 24 种货币构建了人民币汇率指数。借鉴 Francis et al.（2017），计算人民币汇率指数的周度变动率。进而，如（5-1）式所示，使用 OLS 估计了相同的年份内，在控制 A 股市场周收益率（r_{Mt}）的前提下，公司 j 发行的股票周度收益率（r_{jt}）相对周度人民币汇率变动（$index_t$）的系数 γ_{jt}。

$$r_{jt} = \alpha_{jt} + \beta_{jt} r_{Mt} + \gamma_{jt} index_t + \varepsilon_{jt} \qquad (5-1)$$

将（5-1）式估计得到的 γ_{jt}，参考 Bartram（2004）和 Wei and Starks（2013）的做法取绝对值 $|\gamma_{jt}|$，并将之改记为 $Exposure\_c_{jt}$，该绝对值即为公司 j 在 t 年内，汇率风险敞口的绝对水平。

2. 公司债到期收益率风险溢价的计算

参考 Ang et al.（2018）的做法，计算了公司债券每年到期收益率相对合成国债到期收益率的风险溢价（$yield\ spread_{it}^{Corp}$，简记为 $yspread_{it}$），如（5-2）式所示：

$$yield\ spread_{it}^{Corp} = yield_{it}^{Corp} - yield_{it}^{TB} \qquad (5-2)$$

其中，$yield_{it}^{Corp}$ 为债券的收盘价到期收益率在年度层面上的均值，$yield_{it}^{TB}$ 是合成的国债到期收益率，由（5-3）式计算得到：

$$P_i^{TB} = \sum_{s=1}^{T} \frac{C_i^{CB}}{(1+r_s(t))^s} + \frac{100}{(1+r_T(t))^T} \qquad (5-3)$$

其中，C_i^{CB} 表示公司 j 发行的公司债 i 的票面利息，$\{r_s(t)\}$ 为 t 时点上 s 年期的国债到期收益率，所得的 P_i^{TB} 为公司债 i 在 t 时点上对应的合成国债价格。之后，利用 P_i^{TB} 结合公司债 i 的票面利息进一步倒算出公司债 i 对应的合成国债到期收益率 $yield_{it}^{TB}$。这种合成国债到期收益率优于基于久期或到期期限匹配的国债到期收益率，因为它控制了公司债 i 全部的现金流效应（Duffie and Singleton，1999）。

3. 预期违约概率的计算

当企业资产的价值低于债务的账面价值时，企业权益价值为负，即发生违约。因此，企业权益价值可以看作公司总价值的看涨期权（Merton，1974）。因此，公司违约的概率即为该期权为虚值的概率。这个概率与期权定价公式中的 d_t 高度相关。在违约概率模型中，它被称为违约距离。如（5 – 4）式所示，违约距离的计算公式为

$$d_t = \frac{\ln\left(\frac{A_t}{D_t}\right) + \left(\mu - \frac{\sigma_A^2}{2}\right)T}{\sigma_A \sqrt{T}} \qquad (5 - 4)$$

其中，A_t 为公司 j 总资产的价值，D_t 为公司总负债的价值，μ 为企业资产的预期收益率，σ_A 为资产价值的波动率，T 为看涨期权的期限。进一步，参考 Bharath and Shunmway（2008）对预期违约概率的简化，假定公司总资产波动率为 σ_A，它等于负债价值波动率（σ_D）和权益价值波动率（σ_E）按资本结构的加权平均，且 $\sigma_D = 0.05 + 0.25\sigma_E$，故有（5 –5）式：

$$\sigma_A = \frac{E_t}{E_t + D_t}\sigma_E + \frac{D_t}{E_t + D_t}\sigma_D \qquad (5 - 5)$$

而企业资产的预期收益率 μ 可以通过公司 j 在 $t-1$ 年的股票收益来计算，记作 r_{jt-1}。同时，假定期权距离到期的时间为 1 年。根据以上假定，可以估计出公司的违约距离 d_t。再通过 d_t，结合正态分布的累积密度函数 $N(x)$ 计算出公司 j 在 t 年的预期违约概率（EDP_t），如（5 – 6）式所示：

$$EDP_t = N(-d_t) \qquad (5 - 6)$$

其中，EDP_t 的取值在 0 到 1 之间，它表示公司总资产价值小于负债价值的概率。EDP_t 的值越大表示公司的违约风险越大。当公司违约时，公司发行的公司债同时违约，因而由公司 j 发行的公司债券 i 的预期违约概率可记作 EDP_{it}。

5.3.3　实证方法

1. 汇率风险敞口与债券风险溢价

$$yspread_{it} = \delta_0 + \delta_1 Exposure\_c_{jt-1} + \sum Controls + \varepsilon_{it} \qquad (5 - 7)$$

如（5 - 7）式所示，以债券 i 在 t 年内的平均到期收益率 $yspread_{it}$ 为因变量，以发行该债券的公司 j 在 $t - 1$ 年内的综合汇率风险敞口 $Exposure\_ c_{jt-1}$ 为自变量进行回归。如果公司的汇率风险敞口显著增加公司债券的风险溢价，系数 δ_1 应当显著为正。

2. 汇率风险敞口与债券违约率

本书认为汇率风险敞口会增加公司股权价值的波动，进而会提升公司债的违约概率。因此，以公司债的预期违约概率（EDP_{it}）为因变量，以公司汇率风险敞口（$Exposure\_ c_{jt-1}$）为自变量，来检验汇率风险敞口对公司债违约概率的影响，如（5 - 8）式所示：

$$EDP_{it} = \delta_0 + \delta_1 Exposure\_ c_{jt-1} + \sum Controls + \varepsilon_{it} \qquad (5 - 8)$$

如果系数 δ_1 显著大于 0，则说明公司的汇率风险敞口将显著增加公司债违约概率。

在控制变量（$Controls$）的选取上，本书选择了债券层面上的：发行规模（$Scale_{it}$），债券距离到期的剩余期限（$Maturity_{it}$），债券的评级（$Bondrate_{it}$），债券换手率（$Turnover_{it}$）；公司层面上的：是否国有（SOE_{jt-1}），总资产（$Asset_{jt-1}$），总资产负债率（Lev_{jt-1}），第一大股东持股比例（$Tophold_{jt-1}$），营业收入增长率（$Growth_{jt-1}$）。具体地，主要变量的定义如表 5.1 所示。

表 5.1 主要变量的定义与解释

变量名	变量解释
被解释变量	
$Yspread$	到期收益率溢价
解释变量	
$Exposure\_ c$	综合汇率风险敞口（绝对值）
控制变量	
$Scale$	发行总额（亿元）
$Maturity$	距离到期期限（年）

续表

变量名	变量解释
Bondrate	债券评级：AAA，A−1＝3；AA＋，AA＝2；AA−，A＋，A−＝1
Turnover	换手率（年成交总金额/发行规模）
SOE	是否国有：1＝国有，0＝非国有
Asset	总资产（百亿元）
Lev	总资产负债率
Tophold	第一大股东持股比例
Growth	营业收入增长率

5.3.4　主要变量的描述性统计

在样本的筛选上，剔除了金融和地产行业的上市公司，剔除了被列入 ST 名单的上市公司。为了消除离群值对主要实证结果的干扰，对主要的变量在 1% 和 99% 分位上作缩尾处理。表 5.2 列出了本书主要变量的描述性统计。

表 5.2　主要变量的描述性统计

变量名	样本量	均值	标准差	5%分位数	中位数	95%分位数
被解释变量						
Yspread	7453	2.670	1.731	0.567	2.441	5.335
解释变量						
Exposure_ c	7453	1.054	1.069	0.077	0.773	2.996
控制变量						
Scale	7453	14.577	20.697	2.000	8.000	50.000
Maturity	7453	2.899	1.817	1.000	3.000	6.000
Bondrate	7453	2.475	0.551	2.000	3.000	3.000
Turnover	7453	0.951	1.646	0.000	0.351	3.718
SOE	7453	0.644	0.479	0.000	1.000	1.000
Asset	7453	11.915	31.121	0.308	2.299	57.166
Lev	7453	0.581	0.149	0.315	0.592	0.802
Tophold	7453	0.395	0.167	0.141	0.386	0.687
Growth	7453	0.168	0.274	−0.196	0.119	0.688

5.4 本章实证结果

5.4.1 汇率风险敞口与公司债风险溢价

为了得到汇率风险敞口对公司债风险溢价的影响，在不同的模型设定下对（5-7）式进行了估计，实证结果如表5.3所示。

在表5.3第（1）～（2）列中，没有控制行业层面的固定效应，以便观察不同行业公司的汇率风险敞口是否显著增加公司债的风险溢价。结果表明，如表5.3第（2）列所示，与不同行业间的公司相比，公司的汇率风险敞口每增加1个标准差，公司债的风险溢价将增加9.09个基点（0.085×1.069）。在表5.3第（3）和第（4）列中，加入了行业层面的固定效应，以观察同一行业内公司的汇率风险敞口是否显著增加公司债的风险溢价。结果表明，如表5.3第（4）列所示，相较同一行业内的其他公司，公司的汇率风险敞口每增加1个标准差，公司债的风险溢价将增加5个基点（0.046×1.069）。这初步验证了第四个假设，公司汇率风险敞口将显著增加公司债券的风险溢价。

为了进一步验证实证结果的稳健性，将处于相同行业和年份的公司，按其汇率风险敞口的大小分为数量相同的4组。其中，$Exposure\_high$ 表示处于最高汇率风险敞口组内的公司，$Exposure\_low$ 表示处于最低汇率风险敞口组内的公司，根据表5.3第（5）列的结果，发现汇率风险敞口最高组内的公司承担的公司债风险溢价高于位于汇率风险敞口最低组内的公司。

以上实证结果说明，公司汇率风险敞口越高，公司价值的波动幅度越大，不确定性上升，投资者将要求更高的债券溢价作为风险补偿。同时，更高的汇率风险敞口背后隐含了投资者不了解的境外经营风险，也诱发了股东在高汇率风险下损害债权人利益的资产替代行为（Ericsson，2000）。上述机制共同作用使汇率风险敞口增加了公司债到期收益率的风险溢价，即验证了第四个假设。

表 5.3　汇率风险敞口与公司债风险溢价

变量名	（1）	（2）	（3）	（4）	（5）
	Yspread	Yspread	Yspread	Yspread	Yspread
Exposure_ c	0. 139 ***	0. 085 ***	0. 070 ***	0. 046 **	
	(0. 021)	(0. 020)	(0. 019)	(0. 018)	
Exposure_ high					0. 139 ***
					(0. 050)
Exposure_ low					0. 028
					(0. 039)
Scale		− 0. 008 ***	− 0. 010 ***	− 0. 006 ***	− 0. 006 ***
		(0. 001)	(0. 001)	(0. 001)	(0. 001)
Maturity		− 0. 098 ***	− 0. 089 ***	− 0. 076 ***	− 0. 076 ***
		(0. 011)	(0. 012)	(0. 011)	(0. 011)
Bondrate		− 0. 805 ***	− 0. 739 ***	− 0. 588 ***	− 0. 586 ***
		(0. 054)	(0. 055)	(0. 054)	(0. 054)
Turnover		− 0. 025 **	− 0. 024 **	− 0. 022 *	− 0. 022 *
		(0. 012)	(0. 012)	(0. 012)	(0. 012)
SOE				− 0. 821 ***	− 0. 824 ***
				(0. 066)	(0. 066)
Asset				− 0. 001	− 0. 001
				(0. 001)	(0. 001)
Lev				2. 023 ***	2. 033 ***
				(0. 171)	(0. 172)
Tophold				− 0. 206	− 0. 210
				(0. 215)	(0. 215)
Growth				− 0. 012	− 0. 006
				(0. 068)	(0. 068)

续表

变量名	（1）	（2）	（3）	（4）	（5）
	Yspread	Yspread	Yspread	Yspread	Yspread
常数项	2.523 ***	4.994 ***	4.851 ***	3.858 ***	3.860 ***
	（0.036）	（0.147）	（0.151）	（0.178）	（0.174）
行业固定效应	No	No	Yes	Yes	Yes
年固定效应	No	Yes	Yes	Yes	Yes
N	7453	7453	7453	7453	7453
$Adj - R^2$	0.007	0.205	0.225	0.276	0.276

注：括号内为集聚在公司债层面的标准误；*、**、*** 分别表示在10%、5%和1%的显著性水平下显著。

5.4.2　汇率风险敞口和公司违约风险

汇率风险增加了公司债的风险溢价，公司债风险溢价的上升反映了公司违约概率的增加。因此，预期汇率风险敞口增加了公司的违约概率。如表5.4所示，在不同的模型设定下检验了公司汇率风险敞口和公司违约风险的关系。按照 Bharath and Shunmway（2008），选取预期违约概率（EDP）来度量公司违约的可能性。

表5.4　汇率风险敞口与公司违约风险

变量名	（1）	（2）	（3）	（4）
	EDP	EDP	EDP	EDP
Exposure_ c	0.012 ***	0.012 ***	0.011 ***	0.009 ***
	（0.003）	（0.003）	（0.003）	（0.002）
Scale		0.000	-0.000	0.000 **
		（0.000）	（0.000）	（0.000）
Maturity		0.000	0.000	0.001
		（0.002）	（0.002）	（0.002）
Bondrate		-0.010 *	-0.012 **	-0.017 ***
		（0.006）	（0.006）	（0.005）

续表

变量名	（1）	（2）	（3）	（4）
	EDP	*EDP*	*EDP*	*EDP*
Turnover		0.005 **	0.004 **	0.003
		(0.002)	(0.002)	(0.002)
SOE				− 0.020 ***
				(0.006)
Asset				− 0.001 ***
				(0.000)
Lev				0.496 ***
				(0.022)
Tophold				0.037 **
				(0.018)
Growth				− 0.048 ***
				(0.010)
常数项	0.066 ***	0.084 ***	0.092 ***	− 0.173 ***
	(0.004)	(0.015)	(0.016)	(0.018)
行业固定效应	No	No	No	Yes
年固定效应	Yes	Yes	Yes	Yes
N	7453	7453	7453	7453
Adj − R²	0.204	0.205	0.229	0.302

注：括号内为集聚在公司债层面的标准误；*、**、*** 分别表示在10%、5%和1%的显著性水平下显著。

如表5.4所示，在第（1）～（3）列中，检验了不同行业间的汇率风险敞口与预期违约概率的关系。在不同的模型设定下，公司的汇率风险敞口显著增加了公司的预期违约概率。如表5.4第（3）列所示，对于不同行业的公司，公司的汇率风险敞口每增加1个标准差，预期违约概率将增加1.18%（0.011×1.069）。在表5.4第（4）列中，相较同一行业内的公司，公司汇率风险敞口每增加1个标准差，预期违约概率将增加0.96%（0.009×1.069）。

预期违约概率度量了公司总价值低于债务价值的可能性。给定汇率波动下，公司汇率风险敞口越大其价值波动幅度越大。这样，汇率风险敞口较高的公司总价值低于负债的可能性将增加，公司的违约概率上升；并且较高的汇率风险敞口体现了公司境外经营、境外投资和风险对冲等活动的复杂性（Bartram et al. , 2010）。上述公司经营活动既增加了公司内外部的信息不对称程度（Ivashina，2009），也助长了公司在信息不对称下的盈余管理、避税、资产转移和逃避监管的机会主义行为。这给公司带来了额外的信用风险。公司的汇率风险敞口在以上几个方面机制的共同作用下增加了公司的违约概率。这也就验证了本书的第五个假设。

5.4.3 汇率风险敞口、信息披露与公司债风险溢价

根据 Rajan（1992），相较于银行，普通的债券持有人只能通过公开信息来判断公司的价值。公司具有的汇率风险是公司的内部信息（Francis and Hunter，2012）。如果公司详细公开了其境外经营投资和汇率风险对冲的内部信息，债券投资者将更准确地把握公司价值，增加相关债券的需求，提升债券价格，进而降低债券的风险溢价。因此预期完善的公开信息披露将降低汇率风险敞口带来的公司债风险溢价。

为此，参考 Kang et al. （2018）和辛清泉等（2014），引入了三个涉及公司信息披露的指标。一是跟踪公司的证券分析团队的数量（*Analyst*），分析团队的数量越多，对外披露的公司信息更加完整；二是某年内针对该公司的研究报告数量（*Report*），研究报告的数量越多，公司经营状况更为外部投资者了解，公司内外部的信息不对称程度越低；三是上市公司的信息透明度（*Transparent*），上交所和深交所根据公司财报的信息披露状况（Ertugrul et al. , 2017），评定部分公司的信息披露质量。本书中，将评分改记为数字，用数字 1~4 表示公司额信息披露状况。其中，4 = 优秀，3 = 良好，2 = 及格，1 = 不及格。

表 5.5　汇率风险敞口、信息披露与公司债风险溢价

变量	（1）Yspread	（2）Yspread	（3）Yspread	（4）Yspread	（5）Yspread	（6）Yspread
Exposure_ c	0.154 ***	0.139 ***	0.376 **	0.096 ***	0.090 ***	0.370 **
	（0.033）	（0.031）	（0.160）	（0.031）	（0.029）	（0.149）
Analyst	−0.026 ***			−0.020 ***		
	（0.003）			（0.003）		
Exposure_ c × Analyst	−0.004 **			−0.003 **		
	（0.002）			（0.001）		
Report		−0.010 ***			−0.007 ***	
		（0.001）			（0.001）	
Exposure_ c × Report		−0.001 *			−0.001 **	
		（0.001）			（0.001）	
Transparent			−0.392 ***			−0.182 **
			（0.075）			（0.074）
Exposure_ c × Transparent			−0.115 **			−0.125 ***
			（0.049）			（0.045）
Scale				−0.005 ***	−0.005 ***	−0.011
				（0.001）	（0.001）	（0.007）
Maturity				−0.072 ***	−0.071 ***	−0.106 ***
				（0.011）	（0.011）	（0.021）
Bondrate				−0.520 ***	−0.520 ***	−0.536 ***
				（0.053）	（0.053）	（0.092）
Turnover				−0.026 **	−0.026 **	−0.026
				（0.012）	（0.012）	（0.022）
SOE				−0.854 ***	−0.875 ***	−0.690 ***
				（0.066）	（0.066）	（0.101）
Asset				−0.000	−0.000	−0.040 **
				（0.001）	（0.001）	（0.018）
Lev				1.936 ***	1.949 ***	1.305 ***
				（0.169）	（0.170）	（0.267）

续表

变量	(1)	(2)	(3)	(4)	(5)	(6)
	Yspread	Yspread	Yspread	Yspread	Yspread	Yspread
Tophold				−0.221	−0.227	−0.278
				(0.209)	(0.210)	(0.270)
Growth				0.115*	0.110	−0.072
				(0.069)	(0.069)	(0.104)
常数项	2.863***	2.798***	4.299***	3.928***	3.886***	5.088***
	(0.052)	(0.047)	(0.243)	(0.182)	(0.181)	(0.407)
行业固定效应	Yes	Yes	Yes	Yes	Yes	Yes
年固定效应	Yes	Yes	Yes	Yes	Yes	Yes
N	7453	7453	2748	7453	7453	2748
$Adj-R^2$	0.182	0.177	0.203	0.294	0.293	0.288

注：括号内为集聚在公司债层面的标准误；*、**、*** 分别表示在10%、5%和1%的显著性水平下显著。

如表5.5所示，在不同的模型设定下估计了公司信息披露对汇率风险敞口和风险溢价的调节效应。在不同的模型设定下，完善的公司信息披露均将显著降低汇率风险敞口带来的债券风险溢价。具体地，根据表5.5第（4）列的结果，在给定公司汇率风险敞口的前提下，研究该公司的证券分析师团队越多，公司债的风险溢价越低。具体地，给定公司汇率风险敞口位于其均值1.054以上时，公司分析师团队每增加1个标准差（10.89），公司债的风险溢价下降25.22个基点 [10.89 × （−0.020 − 0.003 × 1.054）]。

类似地，根据表5.5第（5）列的结果，给定相同的汇率风险敞口，研究公司的报告数量越多，汇率风险敞口带来的公司债的风险溢价越低。最后，根据表5.5第（6）列的结果，在汇率风险敞口一定的情况下，公司信息披露质量越高，汇率风险敞口带来的公司债风险溢价越低。

公司信息披露水平越高，境外经营状况越透明，依赖公开信息投资的债券投资者更容易掌握公司的境外经营状况。当公司价值因汇率变化发生较大波动时，投资者能够更加准确判断汇率变动下公司价值发生了短期还是长期的变动，违约概率是否真实上升。因此，债券投资者相较内部人（公司大股东或管理层）的信息不对称程度将减小，大股东的机会主义行为将受到抑制，公司信用风险降低，汇率风险敞口的公司债风险溢价下降。这验证了本书的第六个假设，更完善的信息披露将抑制汇率风险敞口带来的公司债风险溢价。

5.4.4　汇率风险敞口、涉外经营和公司债风险溢价

为了进一步验证信息不对称下，汇率风险敞口影响公司债风险溢价和公司违约概率的机制，本书引入反映公司涉外经营具体状况的代理变量：境外经营收入（$Over\_rev$）、境外子公司投资（$Subsidiary$）和公司是否使用外汇衍生品进行外汇风险管理（$Hedge$）；并且引入了上述指标与公司汇率风险敞口的交乘项。

如果债券投资者是公司的外部人，与公司内部人之间存在信息不对称，那么涉外经营情况与汇率风险敞口的交乘项对公司债风险溢价的影响应当不显著；反之，如果债券投资者可以凭借公司内部信息投资，与公司内部人之间不存在信息不对称，那么涉外经营情况和汇率风险敞口的交乘项将显著影响公司债的风险溢价。

表 5.6　汇率风险敞口、涉外经营和公司债风险溢价

变量名	(1) Yspread	(2) Yspread	(3) Yspread	(4) Yspread	(5) Yspread	(6) Yspread
$Exposure\_c$	0.056 **	0.095 ***	0.060 ***	0.028	0.063 ***	0.033 *
	(0.024)	(0.025)	(0.020)	(0.023)	(0.024)	(0.019)
$Over\_rev$	−0.210			−0.340		
	(0.246)			(0.241)		

变量名	（1）	（2）	（3）	（4）	（5）	（6）
	Yspread	*Yspread*	*Yspread*	*Yspread*	*Yspread*	*Yspread*
Exposure_ c × Over_ rev	0. 101			0. 132		
	（0. 111）			（0. 107）		
Subsidiary		0. 004			− 0. 001	
		（0. 004）			（0. 004）	
Exposure_ c × Subsidiary		− 0. 004			− 0. 002	
		（0. 003）			（0. 003）	
Hedge			0. 004			− 0. 088
			（0. 073）			（0. 070）
Exposure_ c × Hedge			0. 037			0. 052
			（0. 046）			（0. 043）
Scale	− 0. 010 ***	− 0. 010 ***	− 0. 010 ***	− 0. 006 ***	− 0. 006 ***	− 0. 006 ***
	（0. 001）	（0. 001）	（0. 001）	（0. 001）	（0. 001）	（0. 001）
Maturity	− 0. 089 ***	− 0. 089 ***	− 0. 089 ***	− 0. 075 ***	− 0. 075 ***	− 0. 075 ***
	（0. 012）	（0. 012）	（0. 012）	（0. 011）	（0. 011）	（0. 011）
Bondrate	− 0. 742 ***	− 0. 741 ***	− 0. 748 ***	− 0. 592 ***	− 0. 584 ***	− 0. 589 ***
	（0. 055）	（0. 056）	（0. 055）	（0. 054）	（0. 055）	（0. 055）
Turnover	− 0. 023 *	− 0. 023 *	− 0. 022 *	− 0. 021 *	− 0. 021 *	− 0. 020 *
	（0. 012）	（0. 012）	（0. 012）	（0. 012）	（0. 012）	（0. 012）
SOE				− 0. 830 ***	− 0. 823 ***	− 0. 837 ***
				（0. 067）	（0. 066）	（0. 067）
Asset				− 0. 001	− 0. 001	− 0. 001
				（0. 001）	（0. 001）	（0. 001）
Lev				2. 045 ***	2. 060 ***	2. 078 ***
				（0. 171）	（0. 172）	（0. 173）
Tophold				− 0. 180	− 0. 205	− 0. 191
				（0. 214）	（0. 215）	（0. 218）
Growth				− 0. 021	− 0. 015	− 0. 019
				（0. 068）	（0. 069）	（0. 070）

续表

变量名	（1）	（2）	（3）	（4）	（5）	（6）
	Yspread	*Yspread*	*Yspread*	*Yspread*	*Yspread*	*Yspread*
常数项	4.883 ***	4.823 ***	4.869 ***	3.897 ***	3.825 ***	3.852 ***
	(0.159)	(0.152)	(0.153)	(0.179)	(0.180)	(0.179)
行业固定效应	Yes	Yes	Yes	Yes	Yes	Yes
年固定效应	Yes	Yes	Yes	Yes	Yes	Yes
N	7426	7435	7371	7426	7435	7371
$Adj - R^2$	0.223	0.223	0.221	0.276	0.275	0.274

注：括号内为集聚在公司债层面的标准误；＊、＊＊、＊＊＊分别表示在10%、5%和1%的显著性水平下显著。

　　根据表5.6第（4）列的结果，公司境外业务收入与汇率风险敞口的交乘项（*Exposure_ c × Over_ rev*）对公司债风险溢价的影响并不显著。这说明，债券投资者无法确切了解公司境外业务收入的相关信息，无法准确把握公司境外经营收入的质量。因此，境外业务收入不能调节汇率风险敞口和债券风险溢价的关系。

　　同样，在表5.6第（5）列中，将公司境外业务收入替换为境外子公司投资（*Subsidiary*），发现公司境外子公司投资也无法调节汇率风险敞口与公司债风险溢价的关系。这说明，债券投资者是公司外部人，仅能依据汇率风险敞口本身，而无法结合投资境外子公司的实际状况为公司债定价。最后，如表5.6第（6）列所示，引入公司使用外汇衍生品情况与汇率风险敞口的交乘项（*Exposure_ c × Hedge*）。公司外汇衍生品使用也无法调节汇率风险敞口与公司债风险溢价的关系。故此，以上实证证据证明了本书假设7，债券投资者是公司信息的外部人，仅通过公开信息投资，公司境外经营状况、境外投资和外汇衍生品使用等内部信息无法影响汇率风险敞口的公司债溢价。

5.5　本章稳健性检验与其他结果

5.5.1　汇率风险敞口与公司债发行溢价

本书的基本实证结果已经证明了公司更高的汇率风险敞口将增加公司债的风险溢价。为了确保基本实证结果的稳健性，将公司债到期收益率风险溢价（$Yspread$）替换为公司债发行的风险溢价（$Cspread$）；将根据周度数据估计得到的汇率风险敞口替换为根据月度数据，以12个月为估计窗口滚动计算的汇率风险敞口，进而检验公司汇率风险敞口是否提升了公司的债券融资成本。

根据表5.7的结果[①]，在不同的模型设定下，公司的汇率风险敞口显著增加了公司债的发行溢价。在表5.7第（1）至第（2）列中，检验不同行业公司的汇率风险敞口对公司债发行溢价的影响。根据表5.7第（2）列的结果，对于不同行业公司，汇率风险敞口每增加1个标准差，公司债的发行溢价将增加8.87个基点（$0.083 \times 1.069 = 8.87$）。在表5.7第（3）至第（4）列中，检验同一行业内公司的汇率风险敞口对公司债发行溢价的影响。根据表5.7第（4）列的结果，对于同一行业内的公司，其汇率风险敞口每增加1个标准差，公司债的发行溢价将增加4.70个基点（$0.044 \times 1.069 = 4.70$）。上述结果表明，汇率风险敞口和公司债发行溢价的关系是稳健的。同时，这也证明了汇率风险敞口不仅影响公司债的交易价格，而且影响公司债的实际融资成本。

[①]　未列示的结果中，检验了基于不同种货币或货币指数得到的汇率风险敞口与公司债发行收益率风险溢价的关系；并且在未发生并购重组的子样本中，检验了公司汇率风险敞口与公司债发行收益率风险溢价的关系。

表 5.7　汇率风险敞口与公司债发行溢价

变量名	（1）	（2）	（3）	（4）
	Cspread	Cspread	Cspread	Cspread
Exposure_ c	0. 073 ***	0. 083 ***	0. 052 **	0. 044 **
	（0. 023）	（0. 020）	（0. 022）	（0. 021）
Scale		− 0. 006 ***	− 0. 013 ***	− 0. 009 ***
		（0. 001）	（0. 001）	（0. 002）
Maturity		0. 008	0. 003	0. 027 ***
		（0. 008）	（0. 010）	（0. 009）
Bondrate		− 0. 864 ***	− 0. 794 ***	− 0. 680 ***
		（0. 037）	（0. 039）	（0. 038）
Turnover		− 0. 049 ***	− 0. 042 ***	− 0. 035 ***
		（0. 008）	（0. 009）	（0. 009）
SOE				− 0. 648 ***
				（0. 043）
Asset				− 0. 000 ***
				（0. 000）
Lev				1. 141 ***
				（0. 120）
Tophold				− 0. 243 **
				（0. 116）
Growth				0. 002
				（0. 070）
常数项	4. 822 ***	7. 252 ***	7. 410 ***	6. 872 ***
	（0. 030）	（0. 110）	（0. 120）	（0. 137）
行业固定效应	No	No	Yes	Yes
年固定效应	Yes	Yes	Yes	Yes
N	4104	4073	3137	3135
$Adj - R^2$	0. 366	0. 494	0. 505	0. 552

注：括号内为集聚在公司债层面的标准误；* 、 ** 、 *** 分别表示在 10% 、 5% 和 1% 的显著性水平下显著。

5.5.2　发达、新兴市场国家货币汇率风险敞口与公司债风险溢价

为了进一步确保基本实证结果的稳健性，分别使用 *CFETS* 人民币汇率指数中的 14 种发达国家货币和 10 种新兴市场国家货币构建了发达国家货币人民币汇率指数和新兴市场国家货币人民币汇率指数。接下来，依据这两个指数分别计算了发达国家货币汇率风险敞口（*Exposure_ d*）和新兴市场国家货币汇率风险敞口（*Exposure_ e*）。

分别以发达国家货币汇率风险敞口和新兴市场国家货币汇率风险敞口为自变量，以公司债到期收益率风险溢价为因变量，在不同的模型设定下重新检验了基本实证结果，如表 5.8 所示。

根据表 5.8 的实证结果，在不同的模型设定下，发达国家汇率风险敞口和新兴市场国家汇率风险敞口均显著增加了公司债的风险溢价。具体地，如表 5.8 第（1）列所示，对于不同行业间的公司，发达国家货币汇率风险敞口每增加 1 个标准差，公司债风险溢价增加 15.37 个基点（0.163 ×0.943）。如表 5.8 第（5）列所示，在同一行业内，发达国家货币每增加 1 个标准差，公司债的风险溢价增加 5.38 个基点（0.057 ×0.943）。如表 5.8 第（2）列所示，对于不同行业间的公司，新兴市场国家货币汇率风险敞口每增加 1 个标准差，公司债的风险溢价增加 12.79 个基点（0.207 ×0.618）。如表 5.8 第（6）列所示，在同一行业内，新兴市场国家货币汇率风险敞口每增加 1 个标准差，公司债的风险溢价增加 4.14 个基点（0.067 ×0.618）。

因此，在不同的模型设定下，用发达国家货币或新兴市场国家货币计算的汇率风险敞口均显著增加了公司债的风险溢价，这说明本书的基本实证结果稳健可靠。

表5.8 发达、新兴市场国家货币汇率风险敞口与公司债风险溢价

变量名	(1) Yspread	(2) Yspread	(3) Yspread	(4) Yspread	(5) Yspread	(6) Yspread
Exposure_ d	0.163 ***		0.081 ***		0.057 ***	
	(0.022)		(0.021)		(0.020)	
Exposure_ e		0.207 ***		0.108 ***		0.067 **
		(0.036)		(0.034)		(0.033)
Scale			− 0.010 ***	− 0.010 ***	− 0.006 ***	− 0.006 ***
			(0.001)	(0.001)	(0.001)	(0.001)
Maturity			− 0.089 ***	− 0.089 ***	− 0.075 ***	− 0.076 ***
			(0.012)	(0.012)	(0.011)	(0.011)
Bondrate			− 0.738 ***	− 0.746 ***	− 0.588 ***	− 0.595 ***
			(0.055)	(0.055)	(0.054)	(0.055)
Turnover			− 0.023 *	− 0.023 *	− 0.021 *	− 0.021 *
			(0.012)	(0.012)	(0.012)	(0.012)
SOE					− 0.822 ***	− 0.827 ***
					(0.066)	(0.067)
Asset					− 0.001	− 0.001
					(0.001)	(0.001)
Lev					2.039 ***	2.057 ***
					(0.172)	(0.174)
Tophold					− 0.195	− 0.186
					(0.214)	(0.219)
Growth					− 0.010	− 0.021
					(0.068)	(0.069)
常数项	2.499 ***	2.524 ***	4.832 ***	4.863 ***	3.829 ***	3.851 ***
	(0.035)	(0.038)	(0.150)	(0.154)	(0.177)	(0.181)
行业固定效应	No	No	Yes	Yes	Yes	Yes
年固定效应	Yes	Yes	Yes	Yes	Yes	Yes
N	7438	7371	7438	7371	7438	7371
$Adj - R^2$	0.110	0.106	0.223	0.222	0.275	0.274

注：括号内为集聚在公司债层面的标准误；*、**、*** 分别表示在10%、5%和1%的显著性水平下显著。

5.5.3 汇率风险敞口与债务违约

前文主要论证的是汇率风险敞口降低了公司价值，增加了公司违约概率，最终提升了公司债风险溢价。本小节意在提供汇率风险敞口降低公司价值的直接证据。自2014年"超日债"违约后，中国公司债刚性兑付被打破，公司债违约事件频繁发生（郭晔等，2016）。如图5.1所示，2014—2020年中国公司债市场的违约事件数量基本呈逐年上升趋势。特别地，2020年11月10日"20永煤SCP003"实质违约后，一周内，AAA级公司债的到期收益率上升了15个基点，AA级公司债收益率上升13个基点。违约已经成为债券市场不可忽视的重要风险事件。

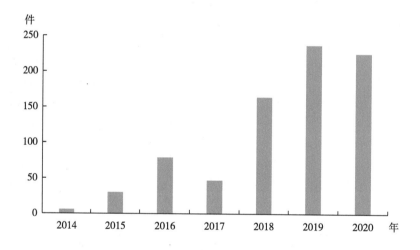

图5.1　2014—2020年我国公司债违约事件数量

（资料来源：Wind 数据）

在严重的债务危机事件发生后，其他发行公司债券的上市公司可能受违约事件的传染效应影响而遭受价值损失（Azizpour et al.，2018）。如果汇率风险敞口是影响公司信用风险的重要因素，那么在债务违约事件中，汇率风险敞口较高的公司更可能遭受更大的损失。因此，选取2014—2020年每年内发生违约事件最多的月份作为当年债务危机爆发的月份，选取该月内第一个违约事件作为债务违约的风险事件进行事件研究。分别以事件研究所得到的 [-1，1] 天内的累积平均超额收益率（CAR [-1，1]），[-2，2] 天内的累积平均超额收益率（CAR [-2，2]）和 [-3，3] 天内的累积平均超额收益率（CAR [-3，3]）为因变量，以公司汇率风险敞口（$Exposure\_\ c$）为自变量，在不同的模型设定下，实证检验汇率风险敞口更高的公司是否引发公司在债务危机期间遭受更大的损失。

表 5.9　汇率风险敞口与累积平均超额收益率

变量名	(1)	(2)	(3)	(4)	(5)	(6)
	CAR[-1,1]	CAR[-2,2]	CAR[-3,3]	CAR[-1,1]	CAR[-2,2]	CAR[-3,3]
$Exposure\_\ c$	- 0.002 ***	- 0.002 ***	- 0.002	- 0.003 ***	- 0.003 ***	- 0.002 **
	(0.001)	(0.001)	(0.001)	(0.001)	(0.001)	(0.001)
$Scale$	- 0.000 *	- 0.000 **	- 0.000 **	0.000 *	0.000 **	0.000 **
	(0.000)	(0.000)	(0.000)	(0.000)	(0.000)	(0.000)
$Maturity$	0.000	- 0.000	0.000	0.001	0.001	0.001 *
	(0.001)	(0.001)	(0.001)	(0.001)	(0.001)	(0.001)
$Bondrate$	- 0.004 **	- 0.003 *	- 0.003	0.000	- 0.001	0.004
	(0.002)	(0.002)	(0.002)	(0.002)	(0.002)	(0.003)
$Turnover$	0.001	0.001	0.001	0.001	0.000	0.000
	(0.001)	(0.001)	(0.001)	(0.001)	(0.001)	(0.001)
SOE				- 0.006 ***	- 0.003	- 0.015 ***
				(0.002)	(0.002)	(0.003)
$Asset$				- 0.000 ***	- 0.000 ***	- 0.000 ***
				(0.000)	(0.000)	(0.000)
Lev				0.000	0.011	0.032 ***
				(0.006)	(0.008)	(0.009)
$Tophold$				0.001	- 0.004	- 0.000
				(0.007)	(0.008)	(0.009)
$Growth$				0.005	- 0.007 *	- 0.013 **
				(0.004)	(0.004)	(0.005)

续表

变量名	(1)	(2)	(3)	(4)	(5)	(6)
	$CAR[-1,1]$	$CAR[-2,2]$	$CAR[-3,3]$	$CAR[-1,1]$	$CAR[-2,2]$	$CAR[-3,3]$
常数项	0.005	0.003	0.004	-0.003	-0.008	-0.023***
	(0.004)	(0.005)	(0.006)	(0.006)	(0.007)	(0.008)
行业固定效应	No	No	No	Yes	Yes	Yes
年固定效应	Yes	Yes	Yes	Yes	Yes	Yes
N	4507	4507	4507	4507	4507	4507
$Adj-R^2$	0.070	0.104	0.049	0.089	0.125	0.077

注：括号内为集聚在公司债层面的标准误；*、**、*** 分别表示在 10%、5% 和 1% 的显著性水平下显著。

表 5.9 的实证结果表明，更高的汇率风险敞口将显著降低债务危机下的公司价值。具体地，如表 5.9 第（4）列所示，汇率风险敞口越高的公司在债务危机发生的 [-1, 1] 天内的累积平均超额收益率越低。公司汇率风险敞口每增加 1 个标准差，公司在债务危机发生的 [-1, 1] 天内的累积平均超额收益率将下降 0.32%（-0.003×1.069）。如表 5.9 第（5）和第（6）列所示，将 [-1, 1] 天内的累积平均超额收益率换为 [-2, 2] 天内或者 [-3, 3] 天内的累积平均超额收益率后，更高的汇率风险敞口将使公司在债务危机期间遭受更为显著的价值损失。这说明公司汇率风险敞口越高，公司价值不确定性和信息不对称程度越高，受债务危机影响越大，公司价值下降越多，越可能引发投资者抛售，表现出更低的累积平均超额收益率。

5.5.4 汇率风险敞口、股东债权人的利益冲突和公司债风险溢价

汇率风险敞口增加公司债风险溢价的现象反映了公司内部人（大股东）和外部人（债权人）之间的利益冲突。在汇率波动较大时，汇率风险敞口较大的公司价值波动将增加，更容易陷入破产困境。此时，股东更有

动机以损害债权人出资为代价（Wei and Starks，2013；Huston and Laing，2014），从事高风险低效率投资以摆脱破产困境，这将损害公司的整体价值（Jensen and Meckling，1976）。而预期到大股东上述机会主义行为的债券投资者将赋予这类公司债更高的信用风险溢价。

实证检验汇率风险敞口是否将导致企业的低效率投资。分别使用 Richardson（2006）、Biddle et al.（2009）和 Goodman et al.（2014）三种方法计算公司的投资效率。这三种方法计算公司投资效率的共同思路是：首先在不同的模型设定下计算出公司的最优投资，之后计算出公司实际投资与最优投资的差距（绝对值），差距越大表示公司的投资效率越低。根据以上三种方法分别计算得到了度量公司投资效率的三个指标 *Efficiency*1、*Efficiency*2 和 *Efficiency*3。

如表 5.10 所示，在不同的模型设定下估计了公司汇率风险敞口和投资效率的关系。公司汇率风险敞口越高将导致公司实际投资与最优投资的偏差越大，公司的投资效率越低。例如，根据表 5.10 第（4）列的结果，在 Richardson（2006）度量的投资效率下，相较同一行业内的其他公司，公司的汇率风险敞口每增加 1 个标准差，实际投资偏离最优投资的程度将增加 0.21%。根据表 5.10 第（5）列的结果，在 Biddle et al.（2009）计算的投资效率下，在同一行业内，公司的汇率风险敞口每增加 1 个标准差，低效率投资将增加 0.17%。根据表 5.10 第（6）列的结果，在 Goodman et al.（2014）度量的投资效率下，在相同行业内部，公司的汇率风险敞口每增加 1 个标准差，低效率投资将增加 0.21%。上述实证结果说明，在汇率风险敞口较高的公司，股东更有动机以损害债权人利益为代价进行低效率投资，这从股东和债权人利益冲突视角解释了汇率风险敞口增加公司债风险溢价的机制。

表 5.10 汇率风险敞口与投资效率

变量名	（1）	（2）	（3）	（4）	（5）	（6）
	*Efficiency*1	*Efficiency*2	*Efficiency*3	*Efficiency*1	*Efficiency*2	*Efficiency*3
Exposure_ c	0. 002 ***	0. 001 *	0. 002 ***	0. 002 ***	0. 001 **	0. 002 ***
	（0. 001）	（0. 001）	（0. 001）	（0. 001）	（0. 001）	（0. 001）
Scale	− 0. 000 ***	− 0. 000 ***	− 0. 000 ***	− 0. 000 **	− 0. 000 ***	− 0. 000 ***
	（0. 000）	（0. 000）	（0. 000）	（0. 000）	（0. 000）	（0. 000）
Maturity	0. 001 **	0. 001	0. 000	0. 001 ***	0. 001 *	0. 000
	（0. 000）	（0. 000）	（0. 000）	（0. 000）	（0. 000）	（0. 000）
Bondrate	− 0. 002 *	− 0. 003 ***	− 0. 003 ***	0. 000	− 0. 001	− 0. 001
	（0. 001）	（0. 001）	（0. 001）	（0. 001）	（0. 001）	（0. 001）
Turnover	0. 001	0. 001 **	0. 000	0. 001 *	0. 002 ***	0. 001
	（0. 000）	（0. 001）	（0. 000）	（0. 000）	（0. 001）	（0. 000）
SOE				− 0. 010 ***	− 0. 008 ***	− 0. 008 ***
				（0. 002）	（0. 002）	（0. 001）
Asset				− 0. 000 ***	− 0. 000	− 0. 000
				（0. 000）	（0. 000）	（0. 000）
Lev				− 0. 034 ***	− 0. 023 ***	− 0. 030 ***
				（0. 005）	（0. 006）	（0. 005）
Tophold				0. 017 ***	0. 013 ***	0. 012 ***
				（0. 005）	（0. 005）	（0. 004）
Growth				0. 007 ***	0. 007 ***	0. 001
				（0. 002）	（0. 002）	（0. 002）
常数项	0. 036 ***	0. 051 ***	0. 039 ***	0. 049 ***	0. 057 ***	0. 052 ***
	（0. 003）	（0. 004）	（0. 003）	（0. 004）	（0. 005）	（0. 004）
行业固定效应	No	No	No	Yes	Yes	Yes
年固定效应	Yes	Yes	Yes	Yes	Yes	Yes
N	6796	6796	6786	6796	6796	6786
$Adj - R^2$	0. 054	0. 049	0. 051	0. 099	0. 079	0. 086

注：括号内为集聚在公司债层面的标准误；* 、** 、*** 分别表示在 10% 、5% 和 1% 的显著性水平下显著。

5.5.5　汇率风险敞口、融资约束与公司债风险溢价

根据 Smith and Warner（1979）、Chu（2018）和 Chu（2017），在陷入融资约束的公司中，股东和债权人利益冲突更加激烈。如果汇率风险敞口引发股东和债权人利益冲突，进而导致更高的公司债风险溢价的机制成立，那么预期在融资约束更严重的公司中，汇率风险敞口将使公司承担更高的债券风险溢价。为此，本书选取了两个度量公司融资约束程度的指标，其一，根据 Whited and Wu（2006）的方法，测算得到融资约束指数（WW）；其二，根据 Kaplan and Zingales（1997）的方法，测算了融资约束指数，记为 KZ。分别引入汇率风险敞口与公司融资约束水平的交乘项，进而检验交乘项与公司债风险溢价的关系。实证结果如表 5.11 所示。

表 5.11　汇率风险敞口、融资约束与公司债风险溢价

变量名	（1）Yspread	（2）Yspread	（3）Yspread	（4）Yspread
Exposure_ c	0.105 ***	0.060 **	0.050 ***	0.013
	(0.021)	(0.027)	(0.018)	(0.024)
WW	− 0.001 **		− 0.000	
	(0.000)		(0.001)	
Exposure_ c × WW	0.004 ***		0.003 **	
	(0.001)		(0.002)	
KZ		0.143 ***		0.074 **
		(0.025)		(0.030)
Exposure_ c × KZ		0.029 *		0.031 **
		(0.016)		(0.014)
Scale			− 0.006 ***	− 0.006 ***
			(0.001)	(0.001)
Maturity			− 0.076 ***	− 0.074 ***
			(0.011)	(0.011)

续表

变量名	（1）	（2）	（3）	（4）
	Yspread	Yspread	Yspread	Yspread
Bondrate			−0.587***	−0.571***
			(0.054)	(0.056)
Turnover			−0.023**	−0.022*
			(0.012)	(0.012)
SOE			−0.823***	−0.829***
			(0.066)	(0.071)
Asset			−0.001	−0.001
			(0.001)	(0.001)
Lev			2.026***	1.563***
			(0.171)	(0.225)
Tophold			−0.204	−0.041
			(0.215)	(0.229)
Growth			−0.012	0.105
			(0.068)	(0.070)
常数项	2.562***	2.366***	3.855***	3.898***
	(0.034)	(0.046)	(0.178)	(0.188)
行业固定效应	Yes	Yes	Yes	Yes
年固定效应	Yes	Yes	Yes	Yes
N	7453	6988	7453	6988
$Adj-R^2$	0.150	0.159	0.276	0.274

注：括号内为集聚在公司债层面的标准误；*、**、*** 分别表示在10%、5%和1%的显著性水平下显著。

如表5.11所示，在不同的模型设定下，融资约束指标与汇率风险敞口的交乘项显著正向影响了公司债到期收益率风险溢价。具体地，表5.11第（3）列说明，给定公司平均汇率风险敞口时，在同一行业内，公司的 WW 指数每增加1个标准差，公司债的风险溢价将增加7.24个基点（［（1.054×0.003）−0.000］×22.91）。进一步地，把 WW 指数替换为 KZ，表5.11第

116

（4）列说明，发现给定公司平均汇率风险敞口时，公司的 *KZ* 指数每上升 1 个标准差，公司债的风险溢价将增加 12.48 个基点（［1.054×0.031 + 0.074］×1.17）。上述实证结果证明，在股东和债权人利益冲突更严重的公司中，相同的汇率风险敞口将使公司承担更高的公司债风险溢价。

5.5.6　内生性问题

前文已经充分论证了汇率风险敞口与公司债风险溢价间显著为正的相关关系。这部分将借助"8·11 汇改"这一外生冲击，证明汇率风险敞口和公司债风险溢价间的关系并非简单的相关关系而是因果关系。根据 He et al.（2021a），2015 年 8 月 11 日的汇率制度改革后，人民币汇率开始出现双向波动态势，汇率波动幅度显著上升，公司的汇率风险敞口显著增加。如果"8·11 汇改"后，公司汇率风险敞口使公司承担更高的债券风险溢价，那么汇率风险敞口与公司债风险溢价的关系更可能是因果关系而不是简单的相关关系。

以"汇改"当年（2015 年）和"汇改"后两年（2016 年、2017 年）为"汇改后"年份，记为 *After* =1。以"汇改"前三年（2012 年、2013 年和 2014 年）为"汇改前"年份，记为 *After* =0。同时引入了汇率风险敞口与"汇改"前后虚拟变量的交乘项（*Exposure* × *After*），表 5.12 展示了它与公司债风险溢价的关系。

表 5.12　汇率风险敞口、"8·11 汇改"与公司债风险溢价

变量名	(1)	(2)	(3)	(4)	(5)	(6)
	Yspread	*Yspread*	*Yspread*	*Yspread*	*Yspread*	*Yspread*
	After =0	*After* =1		*After* =0	*After* =1	
Exposure_ c	−0.000	0.102 ***	−0.006	−0.018	0.094 ***	0.002
	(0.032)	(0.032)	(0.032)	(0.031)	(0.032)	(0.032)
Exposure_ c × *After*			0.113 **			0.091 **
			(0.044)			(0.044)

变量名	（1） Yspread After = 0	（2） Yspread After = 1	（3） Yspread	（4） Yspread After = 0	（5） Yspread After = 1	（6） Yspread
Scale	− 0. 009 ***	− 0. 011 ***	− 0. 010 ***	− 0. 007 ***	− 0. 007 ***	− 0. 007 ***
	(0. 001)	(0. 002)	(0. 001)	(0. 001)	(0. 002)	(0. 002)
Maturity	− 0. 056 ***	− 0. 142 ***	− 0. 100 ***	− 0. 040 **	− 0. 133 ***	− 0. 091 ***
	(0. 017)	(0. 021)	(0. 013)	(0. 016)	(0. 021)	(0. 013)
Bondrate	− 0. 618 ***	− 0. 686 ***	− 0. 673 ***	− 0. 467 ***	− 0. 578 ***	− 0. 545 ***
	(0. 060)	(0. 082)	(0. 058)	(0. 059)	(0. 082)	(0. 059)
Turnover	0. 004	0. 063 *	0. 020	0. 011	0. 046	0. 017
	(0. 013)	(0. 034)	(0. 016)	(0. 013)	(0. 031)	(0. 015)
SOE				− 0. 750 ***	− 0. 677 ***	− 0. 729 ***
				(0. 080)	(0. 099)	(0. 072)
Asset				0. 001	− 0. 001	0. 000
				(0. 001)	(0. 002)	(0. 001)
Lev				0. 538 **	2. 818 ***	1. 978 ***
				(0. 244)	(0. 269)	(0. 207)
Tophold				− 0. 212	− 0. 322	− 0. 224
				(0. 238)	(0. 326)	(0. 229)
Growth				0. 014	0. 051	0. 033
				(0. 118)	(0. 103)	(0. 082)
常数项	4. 732 ***	4. 576 ***	4. 657 ***	4. 557 ***	3. 145 ***	3. 671 ***
	(0. 162)	(0. 213)	(0. 158)	(0. 215)	(0. 242)	(0. 187)
行业固定效应	Yes	Yes	Yes	Yes	Yes	Yes
年固定效应	Yes	Yes	Yes	Yes	Yes	Yes
N	1371	2203	3574	1371	2203	3574
$Adj - R^2$	0. 356	0. 276	0. 298	0. 428	0. 345	0. 356

注：括号内为集聚在公司债层面的标准误；*、**、*** 分别表示在10%、5%和1%的显著性水平下显著。

如表5.12第（4）列所示，"汇改前"汇率风险敞口与公司债风险溢价间关系并不显著。根据表 5.12 第（5）列，"汇改后"，汇率风险敞口显著增加了公司债的风险溢价。进一步地，在表 5.12 第（6）列中，汇率风险敞口与汇率制度改革的交乘项在 5% 的显著性水平上增加了公司债溢价。这说明，"汇改"后，汇率风险敞口显著使公司承担了更多的公司债风险溢价。汇率风险敞口与公司债风险溢价的关系是因果关系而非简单的相关关系。

5.6　本章结论与政策建议

本章使用中国上市公司 2006—2019 年中国公司债和上市公司的数据，实证研究了公司汇率风险敞口对公司债风险溢价的影响。本章发现，公司汇率风险敞口将增加公司债的风险溢价。公司汇率风险敞口将提高公司预期违约概率。完善的公司信息披露将抑制公司债的汇率风险敞口溢价。由于债券投资者是公司的外部人，公司的境外经营、境外投资和外汇衍生品使用不能调节汇率风险敞口与公司债风险溢价的关系。

同时，汇率风险敞口将增加公司债发行的风险溢价。公司相对发达国家货币和新兴市场国家货币的汇率风险敞口均将显著增加公司债的风险溢价。汇率风险敞口将造成债务违约事件中更低的累积平均超额收益率，即更严重的公司价值损失。汇率风险敞口和公司债风险溢价的关系反映了股东和债权人的利益冲突：汇率波动较大时，较高的汇率风险敞口将激化股东和债权人的利益冲突，股东将以损害债权人利益为代价，进行低效率投资。融资约束较严重的公司中，股东和债权人的利益冲突更激烈，相同的汇率风险敞口将导致公司承担更高的公司债风险溢价。最后，借助"8·11汇改"这一外生冲击识别了汇率风险敞口和公司债风险溢价的因果关系。

根据以上结论，提出以下几点政策建议：（1）公司可采用经营对冲或外汇衍生品对冲等方式管理自身的汇率风险敞口，从而降低公司债的风险溢价和融资成本。（2）公司应当加强自身的信息披露，增加债券投资者对公司境外经营状况的了解，从而降低公司债的风险溢价。（3）监管机构应当即时制定有效的法律和准则，保护债券投资者的利益，抑制股东的高风险低效率投资行为。（4）在债券发行时，债券投资者应当明确募集资金的投向，强化对资金使用的限制，减少大股东对债权人的利益侵占。

第6章　公司债券的汇率风险敞口

本章计算了中国上市公司债券的汇率风险敞口，提出了公司加权平均汇率风险敞口的概念，并且探究了公司债券汇率风险敞口的决定因素，以及公司债券汇率风险敞口对公司债券风险溢价的影响。研究结果表明，公司普遍存在一定水平的公司债券汇率风险敞口，但数值上小于公司股票汇率风险敞口。不同行业的公司债券汇率风险敞口存在差异，公司债券汇率风险敞口较高的行业是卫生和社会工作业，信息传输、软件和信息技术服务业和文化、体育和娱乐业；而公司债券汇率风险敞口较低的行业是教育业和居民服务、修理和其他业。公司债券的汇率风险敞口在不同的债券市场上表现出异质性，深圳证券交易所的公司债券汇率风险敞口最高，银行间市场的公司债券汇率风险敞口次之，上海证券交易所的公司债券汇率风险敞口最低。由公司的股票和债券汇率风险敞口可以构建公司加权平均汇率风险敞口。实证分析的结果表明，公司债券的发行规模、期限、公司第一大股东持股比例与公司债券汇率风险敞口正相关；而公司信用评级、国有属性、资产负债率和营业收入增长率与公司债券汇率风险敞口负相关。最后，相较于公司股票汇率风险敞口，公司债券汇率风险敞口不能显著正向影响公司债券的风险溢价。

6.1 本章引言

自 2005 年的"7·21 汇改"和 2015 年的"8·11 汇改"以来，人民币汇率弹性大幅度提升呈现双向波动态势，越来越多的公司主动或被动获得了一定规模的汇率风险敞口。2023 年 10 月，中央金融工作会议明确指出："加强外汇市场管理，保持人民币汇率在合理均衡水平上的基本稳定。防范化解金融风险"，"促进债券市场高质量发展"。二十届三中全会进一步指出："建立风险早期纠正硬约束制度，筑牢有效防控系统性风险的金融稳定保障体系"。"建立统一的全口径外债监管体系。积极参与国际金融治理。"因而，引导企业正确应对自身的汇率风险敞口，特别是妥善管理自身的公司债券汇率风险敞口是每个企业涉外经营和投融资过程中不得不考虑和研究的重要问题。

传统的公司汇率风险敞口的相关文献通常假设，公司负债的价值相对汇率变动并不敏感，汇率变动主要通过影响公司股东权益价值而影响公司价值的变动（Adler and Dumas，1984；Jorion，1990）。后续研究陆续表明，实际汇率的变动与公司债券价格和股票价格都是相关的，实际汇率变动主要通过利率效应影响债券价格，但可以同时通过利率效应和现金流影响股票价格（Chow et al.，1997）。诸多文献关注了公司股票的汇率风险敞口的决定因素和动态变动特征（Bartov and Bodnar，1994；Bartram et al.，2010；Francis et al.，2017；He et al.，2021a）。然而，公司债券层面的汇率风险敞口却鲜有文章关注。相关实证研究也仅表明宏观视角下，新兴市场国家的主权债券收益率会受到汇率风险的影响（Gadanecz et al.，2018）。

本章主要通过实证分析来测算公司债券的汇率风险敞口，在此基础上根据公司债券汇率风险敞口和股票汇率风险敞口构建公司综合汇率风险敞口，进而检验公司汇率风险敞口的影响因素，最后检验公司汇率风险敞口对公司债券风险溢价的影响。结果表明，公司债券汇率风险敞口真实存在，但数值上仅为公司股票的汇率风险敞口的 1/10。公司债券汇率风险敞口与股票汇率风险敞口总体上保持正向相关关系，但是不同种类公司债券风险敞口内部的正向相关性更强。公司债券汇率风险敞口在不同行业的分布存在差异，卫生和社会工作业，信息传输、软件和信息技术服务业和文化、体育和娱乐业等行业的公司债券汇率风险敞口较高，而教育业和居民服务、修理和其他业的公司债券汇率风险敞口相对较低。公司债券层面和公司财务层面的相关因素可以影响公司债的汇率风险敞口。公司债券发行规模、公司债券到期期限和第一大股东持股比例与公司债券汇率风险敞口正相关；而公司债更高的信用等级、国有属性、总资产规模、资产负债率和公司营业收入增长率等因素与公司债券汇率风险敞口负相关。结果表明，不同交易市场的公司债券汇率风险敞口并不相同，深圳证券交易所的公司债券汇率风险敞口最高，银行间市场的公司债券汇率风险敞口次之，上海证券交易所的公司债券汇率风险敞口最低。公司的股票汇率风险敞口和债券汇率风险敞口均与公司债到期收益率风险溢价正相关，但公司股票汇率风险敞口与公司债券到期收益率风险溢价的正相关关系更加显著。公司债券汇率风险敞口影响因素的实证结果和公司债券汇率风险敞口对公司债到期收益率风险溢价的影响在换用不同的度量方式之下依然稳健。

本章的贡献首先在于提出了公司债券汇率风险敞口的概念和度量方式并构造了公司加权平均汇率风险敞口。这有助于理论界和实务界加深对公司层面汇率风险敞口的认识，并基于更加综合性的指标度量公司整体的汇率风险敞口。其次，详细分析了不同行业公司债券汇率风险敞口的差异，并检验了公司债券汇率风险敞口的影响因素。这有利于不同公司通过优化财务结构、提升公司治理水平管理债券汇率风险敞口，并且有助于不同行业公司制定差异化的公司债券汇率风险敞口管理策略。最后，检验了公司债券汇率风险敞口对公司债到期收益率风险溢价的影响，这有助于理论界和实务界深化对公司债券汇率风险敞口影响的理解，从而更加合理地从汇率风险角度降低企业的融资成本。

6.2 本章文献回顾

汇率风险敞口是研究公司汇率风险领域的热点话题。经典理论通常假定，公司汇率风险主要影响公司股权价值，但对公司负债价值无法产生影响（Adler and Dumas，1984；Jorion，1990）。然而，后续文献逐渐发现汇率变动可以同时影响公司的股票价格和债券价格。具体地，汇率变动对公司债价格的影响较为迅速，主要通过汇率改变利率来影响公司债券的价格变动，这被称为汇率风险的"利率效应"；而短期内汇率变动不会显著影响公司股票的收益率，长期内汇率变动将影响公司现金流进而影响公司股票的价格变动，这被称为汇率风险的"现金流效应"（Chow et al.，1997）。

公司债券的汇率风险敞口的影响因素主要包括以下几个方面。从宏观层面来看，汇率变动将影响一国外币债务的整体价值。美国由于长期以来的经常项目赤字，保持以净负债为特点的净国际投资头寸，美元升值带来的估值效应恶化了美国的国际投资净头寸，额外增加了美国负债的价值（Tille，2005）。对于新兴市场国家，货币危机发生会导致其外币信贷敞口出现显著的下降。美国的货币宽松政策将创造低利率的美元环境，这将促进新兴市场国家企业发行外币债券、面临更高的美元债务汇率风险敞口，这种效应对非出口企业更加显著。新兴市场国家对资本流入的管制将抑制其国内公司形成公司债券汇率风险敞口的可能性，甚至可能抵消"低利率美元"效应，而外汇宏观审慎政策可能增加新兴市场国家公司的外币债务汇率风险敞口（Bacchetta et al.，2023）。尽管调整国家外币债务的货币组成是国家层面管理外币债务汇率风险敞口的有效方式，但实际上，诸多新兴市场经济体未能及时根据汇率变动调整自身的外币债务货币构成。这种现象可能与外币债务货币组成的刚性有关，这种刚性可能会受到一个国家贸易、投资模式和资本流入管制的影响（Hussein and De Mello Jr，2001）。货币危机发生时，新兴市场国家的外币信贷敞口出现了显著的下降。这种现象可以被部分归因于借款国家货币贬值、经济恶化、抵押品价值下降、违约风险上升而导致的外币信贷的供给紧缩；也可以被部分归因于企业预期未来收入下降、经济不确定上升而主动推迟投资计划、减少货币错配风险而导致外币信贷需求的减少（Hale and Arteta，2009）。对东欧国家小型企业的实证研究表明，本国货币和外国货币的利差（即"利差交易行为"）不是小型企业选择外币债务风险敞口的原因，企业层面的财务困境和金融透明度也不是小型企业选择外币债务风险敞口的原因，企业层面的外币收入才是其选择外币债务汇率风险敞口的重要因素（Brown et al.，2011）。秘鲁的数据表明，美元贷款风险敞口的原因部分是美元计价贷款利率低于本币贷款利率，公司追求套利交易而持有美元贷款风险敞口，但也是由当地储户对美元储蓄的偏好以及当地银行主动匹配外币资产和外币负债的行为所致（Gutierrez et al.，2023）。金融危机前，短期美元利率下降时，高风险借款人更愿意持有美元债务风险敞口；金融危机后，高风险借款人只能从影子银行和资本充足率较低的银行得到美元债务风险敞口；美元升值后，低风险借款人才能获得美元债务汇率风险敞口（Lee et al.，2022）。金融危机后，新兴市场国家的非金融公司增加了对外信贷敞口，这导致了其对外债务净额的恶化。新兴市场国家的大公司在面对汇率风险时通过调整债务风险敞口的货币组成来应对。新兴市场国家大公司更高的外币债务敞口会增加其财务的脆弱性，这种脆弱性与经济增长正向相关（Alfaro et al.，2019）。汇率的贬值会让高度美元化的经济体转向更高的外币债务风

125

险敞口，而这会加剧汇率继续下行的压力。美元的低利率是导致高度美元化的经济体内的私营企业承担更高美元债务敞口的重要因素（Marcelin and Mathur，2016）。对于新兴市场国家而言，主权债务危机会降低国内私营的外币信贷敞口。主权债务危机对外币信贷敞口的影响主要表现在非金融部门对金融部门的影响并不显著（Arteta and Hale，2008）。

政策制度层面上，汇率制度是影响公司外币债务风险敞口的重要因素。汇率制度由固定汇率转向浮动汇率将影响公司层面汇率风险敞口的水平。固定汇率下，公司汇率风险敞口主要取决于公司规模，浮动汇率下公司汇率风险敞口取决于公司的出口产品规模（Martinez and Werner，2002）。浮动汇率下，对巴西的实证研究表明，公司将使用财务政策，包括主动使用外币债务和衍生品对冲的方式管理自身的债券汇率风险敞口。例如，公司将采用更加审慎的外币负债政策来减少外币债务，并将主动使用外汇衍生工具来管理自身的汇率风险敞口（Rossi Jr，2009）。货币贬值将加重公司的外币负债规模，这将负向抑制公司的投资支出（Caballero，2021）。然而实证研究表明，非浮动汇率制度也不能完全保护公司免受汇率风险敞口的影响，新兴市场国家的多国数据表明非浮动汇率制度与公司汇率风险敞口的范围和汇率风险敞口的增加是相关的。在汇率高度管制下经营的公司甚至需要更加审慎地监控和管理汇率风险敞口。因而，固定汇率制度并不能使公司免受汇率风险敞口的干扰（Ye et al.，2014）。对亚洲经济体的研究证据表明，本币债券市场的发展有助于政策制定者推进当地公司减少外币债务风险敞口，然而当地公司参与国际业务时对外币的实际需求限制了公司降低外币债务风险敞口的能力，即亚洲本国公司持有外币债务风险敞口的动机更多来源于实际的外汇业务的实际需求而不是对冲外汇收入风险的需要（Ho et al.，2023）。货币局制度是导致阿根廷企业持有美元债务风险敞口的重要原因（Galiani et al.，2003）。高度美元化的经济体中，汇率贬值会影响到拥有美元债务的公司的净值，进而影响其获得新增信贷和投资的能力，这种影响只有汇率贬值幅度足够大才会显现出来（Carranza et al.，2011）。外汇宏观审慎政策可以降低公司外币贷款表示的风险敞口，但会让公司转而以外币债券进行融资，即公司的外币贷款风险敞口被转化为外币债券风险敞口。外汇宏观审慎政策将监管体系内的外币债务风险敞口转移到监管体系之外（Ahnert et al.，2021）。通胀盯住制的货币政策将改变外币债务风险敞口中的货币组成，并且将降低国家整体债务中的外币债务占比。通胀盯住制会让目标国家债务中美元债务的比例下降 9 个百分点。然而，通胀盯住制对公司债务外币风险敞口的影响弱于对国家债务外币风险敞口的影响。它作为一种有效的货币政策机制，可以帮助发展中国家减少对外币债务的依赖，进而降低发展中国家整体的金融脆弱性（Ogrokhina and Rodriguez，2018）。

货币当局对外汇市场的干预也是影响公司层面外债风险敞口的重要因素。跨国数据表明，当外汇干预被密集使用时，公司层面外债比例将上升，这种效应对外汇干预前没有外币债务敞口的非出口型公司和所在国家金融市场不发达的公司更加显著。具体地，外汇市场干预强度提升 1 个标准差，公司层面平均外债比例将上升 2 个百分点（Kim et al.，2024）。而一个国家资本账户的自由化能显著改善公司在国际信贷市场的信用评级，降低公司的信用风险，提高该国公司获得外币融资，拥有外债风险敞口的能力。这种效应对外币融资能力受限的非贸易部门公司更加显著（Prati et al.，2012）。

公司层面上，公司债务和收入的货币错配虽然可以影响公司的外币债务风险敞口，但并不是解释公司选择外币贷款的主要原因，公司套利动机、债务币种多样化策略和信贷供应限制也是公司选择外币债务风险敞口的重要原因（Harasztosi and Katay，2020）。小微企业样本下的研究表明，出口型公司更可能承担外币债务汇率风险敞口，其外币收入和外币债务现金流形成了自然对冲；透明度较低、抵押品易于确认、净值较高的公司更容易创设外币债务汇率风险敞口；主要通过银行等进行标准化融资的小微企业较主要通过民间借贷进行融资的小微企业更容易获得美元汇率风险敞口；盈利能力更强的小微企业更有可能获得美元债务风险敞口，银企关系无法帮助小微企业获得美元债务风险敞口（Mora et al.，2013）。公司的规模是影响其持有外币债务敞口的重要因素，资产规模较大的智利公司更倾向于维持更高比例的美元债务（Benavente et al.，2003）。然而，实证证据表明公司层面的外币债务风险敞口会受到国家层面外币债务风险敞口的影响，公司层面因素对公司外币债务风险敞口的影响相对较小。货币危机期间，公司持有外币债务敞口是为了开展长期投机和对冲（Gatopoulos and Louberge，2013）。金融危机下汇率贬值事件所引发的公司资产负债表冲击下，公司的外币贷款风险敞口将普遍减少，大公司可以通过本币借款来对冲这类冲击，小公司则会承受投资利润下降的损失（Hardy，2023）。公司更高的境外业务收入和外币较低的融资利率将增加公司层面外币债务汇率风险敞口（Niepmann and Schmidt – Eisenlohr，2022）。新兴市场国家公司在 2022 年之后更多通过发行更大额度的外币债券形成债券汇率风险敞口。这一方面是由于大额度外币债券较小额度外币债券具有更低的发行成本，另一方面是由于摩根大通创设的新兴市场债券指数增加了对新兴市场国家公司的外币债券需求（Calomiris et al.，2022）。债券的特征和发行地点选择与外币债券的发行是相关的。更大的发行规模、更短的到期期限、更可能的固定利率条款和更低的利率条款往往与外币债券的发行相关。更高的金融一体化程度不能阻碍外币债券的发行（Gozzi et al.，2015）。对于转型经济体而言，其国内存款美元化和银行资产负债的匹配动机是导致出现信贷外币风险敞口的原因。银行和企业的因素都会促进信贷外币风险敞口的形成，但企业方面的因素并不稳健。国际金融因素和自然对冲因素对美元信贷风险敞口的影响较小（Luca and Petrova，2008）。

除了外币债券汇率风险敞口决定因素的相关研究，既有研究也已对外币债券风险敞口的经济影响作出了相关探讨。

宏观层面上，国家整体的外币债务风险敞口增加了国家发生金融危机的风险，这种影响在该国家外币储备较少和政策可信度较低时更加显著。外币债务敞口引发的金融危机造成了经济整体短期增长放缓和长期产出损失，间接损害了国家层面的经济增长（Bordo et al.，2010）。相关拉美国家的实证研究表明，在公司存在大量外币债务敞口的前提下，货币贬值可能不会形成蒙代尔—弗莱明框架下的扩张性贬值结果，反而会引起经济收缩（Galindo et al.，2003）。新兴市场国家的宏观实证结果表明，新兴市场国家的本国货币对美元贬值会增加其主权风险，而新兴市场国家的外币债务风险敞口会影响货币贬值对主权风险作用的大小和方向。其中非公共部门的货币错配所形成外币债务风险敞口（即"金融渠道"）是汇率贬值影响国家主权风险的重要路径（Bernoth and Herwartz，2021）。

从银行的视角，俄罗斯银行的实证结果表明，外币资产负债敞口的重估会给银行带来额外的成本，金额上大约占银行总成本的26.5%。银行外币资产和负债风险敞口的不匹配会引发重估，这会对金融稳定性产生显著的负面影响（Mamonov et al.，2024）。

微观层面上，相关理论模型表明，国际债券的收益率受到汇率风险和国家风险的影响（Stapleton and Subrahmanyam，1981）。相关研究表明，公司外币债务的汇率风险敞口在经济正常运行状态下将提升公司的投资效率，但在金融危机期间，外币债务的汇率风险敞口将通过资产负债表效应损害企业的投资效率，这种负面影响在面临流动性约束的公司中更加显著（Endresz and Harasztosi，2014）。墨西哥的实证证据表明，墨西哥比索危机造成了该国货币的大幅度贬值，尽管货币贬值提升了出口商相对非出口商的销售利润和销售额，但是外币债务风险敞口的恶化在一定程度上损害了这类公司的价值。具体地，贬值前外币短期债务敞口较高的公司在本国货币贬值后的投资水平较低，同时货币制度崩溃增加了公司销售收入的不确定性，进而抑制了公司的投资，特别是贸易部门的投资（Aguiar，2005）。类似地，墨西哥公司的外债风险敞口在比索贬值时期负向影响了该国公司的盈利和投资，但对出口商的负向影响相对较弱。第一次货币贬值危机时，货币贬值对同时持有美元债务和对外出口公司的资产负债表效应超过了正面的竞争效应；但在第二次危机时，对这类公司的两种效应大致相当（Pratap et al.，2003）。对智利的实证研究表明，货币贬值对存在外币债务风险敞口的公司的投资和销售没有正面影响，相反贬值可能会抑制这类公司的投资，因为贬值增加了这类公司的债务负担，而且它们缺少足够的现金流来对冲自身的汇率风险（Benavente et al.，2003）。实证研究表明，印度推行的金融自由化使当地企业更容易获得外币债务风险敞口，金融自由化带来的外币债务融资缓解了当地企业的融资约束，这种效应在中小企业中更加显著（Ghosh，2006）。

新兴市场国家的理论模型和实证证据表明，在货币贬值条件下，公司的外币贷款风险敞口将损害公司的还款能力，提升公司的外币借款成本（Niepmann and Schmidt – Eisenlohr，2022）。外币债务风险敞口的资产负债表效应并不能完全解释货币贬值对国内企业出口的影响，企业仍然可以在存在外币债务金融约束的条件下通过在不同市场间重新分配销售来增加出口（Kohn et al.，2020）。土耳其非金融公司的外币债务风险敞口在本币发生贬值的情形下通过资产负债表效应抑制了资本投资。其中，货币贬值对投资的收缩性效应超过了外币贬值对公司出口的扩张性效应，这对于短期外币风险敞口较高的公司更是如此（Demirkilic，2021）。对哥伦比亚的实证研究表明，该国公司的外币债务风险敞口负面影响了该国公司的盈利能力，但对该国公司投资的影响并不显著。出口导向型公司和对外更加开放的行业更倾向于持有外币债务风险敞口。公司规模是影响公司外币债务风险敞口的重要因素（Echeverry et al.，2003）。货币危机发生时，外币债务风险敞口会导致财富和收入由借款公司向贷款公司转移。这主要通过三种渠道实现：其一，资产负债表渠道，即未对冲的外币债务敞口会使借款人的财富减少；其二，现金流渠道，即因贬值而增加的外币债务会增加借款人向贷款人的金融支付；其三，利率渠道，即货币危机增加了国家风险溢价进而增加了借款人向贷款人的利息偿付。这种财富和收入转移表现出异质性，出口型且外币债务敞口较低的公司将从贬值中受益，而国内市场经营且外币债务敞口较高的公司将受损（Brei and Charpe，2012）。实际汇率贬值会对阿根廷非贸易部门的公司产生负面影响，持有美元债务风险敞口的公司投资相对货币贬值更加敏感（Galinani et al.，2003）。巴西公司的数据表明，拥有外币债务的公司价值更可能受到汇率波动的影响，外币债务会使公司具有线性汇率风险敞口（Junior，2012）。秘鲁的数据表明，货币贬值会负面影响拥有美元债务风险敞口公司的投资决策。当该国货币贬值时，汇率的不利变动会通过"资产负债表效应"负向影响企业的净值，增加企业的贷款成本，使企业面临更严重的贷款限制，最终影响企业的投资。这表明秘鲁企业的外币债务风险敞口和货币错配使汇率贬值给秘鲁企业带来了额外的金融压力（Carranza et al.，2003）。大规模的货币贬值将引起存在外币债务风险敞口的公司出现净值下降，进而通过外币负债敞口上升而引起的财务约束减少这类公司的信贷可得性和投资数量。公司外币负债风险敞口的微观效应会在宏观上引起国家 GDP 的收缩，从而对总体经济产生负面影响（Carranza et al.，2011）。新兴经济体公司拥有的美元债务风险敞口引起了货币错配，这削弱了相关企业的资产负债表，加剧为企业提供贷款的银行的风险，从而损害了金融稳定和经济增长（Marcelin and Mathur，2016）。转型经济体中的美元信贷风险敞口会增加经济体暴露于货币和金融危机的可能性，这是因为企业通常不会对冲美元信贷敞口的货币风险（Luca and Petrova，2008）。相关理论模型还表明外币债务风险敞口会增加经济体出现货币危机和严重经济衰退的可能性。在名义价格黏性的前提下，货币贬值会增加企业外币债务的偿付压力，进而降低企业利润。企业利润的降低会进一步限制企业的借款能力，抑制企业的投资和产出，从而降低经济体整体对本币的需求，从而造成货币的进一步贬值。如此循环作用，外币债务风险敞口最终将增加货币危机形成的可能性（Aghion et al.，2001）。

然而少数文献发现，汇率的异常变动无法通过资产负债表效应对公司投资造成显著的影响。规模较大的公司在面对汇率变化时可以调整公司负债敞口的货币组成，汇率的不利变动更多通过贸易渠道而非资产负债表渠道影响公司层面的投资（Bonomo et al.，2003）。部分文献发现，对于拉丁美洲国家，美元债务风险敞口会削弱实际汇率贬值对就业的正面作用。在美元债务风险敞口较高的拉美经济体中，实际汇率贬值更可能对这类国家的经济活动产生负面的影响。因而，对于存在美元债务风险敞口的拉美国家，实际汇率贬值的总体影响更可能是负面的（Galindo et al.，2007）。其他文献认为，汇率波动性的增加主要是通过预防性储蓄需求和贸易放缓来降低公司的研发支出，即汇率波动性上升时，公司将被迫增加现金储蓄来应对未来的不确定性；汇率波动性将减少跨境贸易公司的收入来源，从而降低这类公司的研发支出。公司拥有的外债风险敞口会加重汇率波动性上升对公司研发的负面影响（Hsu et al.，2022）。

综合以上文献，可以认为仅凭理论分析，很难判断公司外币债务汇率风险敞口对公司价值、公司风险和债务融资成本的综合影响，因而要通过实证检验来详细分析公司外币债务风险敞口的微观经济影响。

6.3 本章研究方法和数据

6.3.1 数据选取与样本描述

本章选取的样本为 2005—2019 年全部 A 股上市公司的债券的发行数

据和交易数据，股票交易数据以及公司层面的财务数据和公司治理数据。遵循第 5 章的数据处理方法，剔除了距离到期期限不足一年和附带权益工具的债券，并且排除了城投公司债券。最后，9601 条公司债券年度数据进入描述性统计中，考虑到不同变量的缺失值，7339 条公司债券年度数据进入实证模型中。其中，公司债券的交易数据、发行数据来源于 Wind 数据库，公司的财务数据来源于 CSMAR 数据库。

6.3.2　指标构建

参考 Francis et al.（2017）对公司股票汇率风险敞口的定义，将公司债券汇率风险敞口定义为公司债券收益率相对汇率变动的敏感性。参考第 4 章、第 5 章的做法，测算了人民币参考 CFETS 24 种"一篮子"货币的人民币汇率指数，并且进一步计算了人民币汇率指数的周度变动率。由于公司债券的价格变动幅度相对较小，分别测算了公司在控制市场收益率和不控制市场收益率条件下的公司债券汇率风险敞口。如（6 - 1）式所示，用 OLS 方法估计了同一年份内，公司债券周度收益率（r_{bondit}）在控制（不控制）周度市场收益率（R_{Mt}）的情况下对于周度人民币汇率指数变动（$index_t$）的敏感性系数 γ_{it}。

$$r_{bondit} = \alpha_{it} + \beta_{it} r_{Mt} + \gamma_{it} index_t + \varepsilon_{it} \qquad (6 - 1)$$

为了避免正负公司债券汇率风险敞口相互抵消，本书参考 Wei and Starks（2013）的做法，将敏感性系数 γ_{it} 取绝对值，其中控制市场收益计算得到的公司债券汇率风险敞口记作 $Exposure\_ibond$；不控制市场收益计算得到的公司债券汇率风险敞口记作 $Exposure\_ibondn$。

6.3.3　实证模型

1. 公司债券汇率风险敞口的影响因素

$$Exposure\_ibond_{jt} = \beta_0 + \sum_{k=1}^{n} \beta_k Decision_{jkt-1} + \sum Controls + \varepsilon_{jt}$$

$$(6 - 2)$$

如（6-2）式所示，以公司债券的汇率风险敞口（$Exposure\_\ ibond_{jt}$）为因变量（j 代表公司），以公司债券在 $t-1$ 年内的汇率风险敞口的影响因素（$Decision_{jkt-1}$）为自变量，并加入了一系列控制变量 $Controls$，从而检验不同因素对公司债券汇率风险敞口的影响。如果因素 k 正向影响公司债券汇率风险敞口，那么它前面的系数 β_k 应当显著为正；如果因素 k 负向影响公司债券汇率风险敞口，那么它前面的系数 β_k 应当显著为负。

2. 公司债券汇率风险敞口、股票汇率风险敞口与公司债到期收益率风险溢价

进一步探究了公司债券汇率风险敞口的经济影响，具体检验公司债券汇率风险敞口对公司债到期收益率风险溢价的影响，并比较了公司债券汇率风险敞口和股票汇率风险敞口对公司债到期收益率风险溢价的影响差异。

$$ yspread_{jt} = \beta_0 + \beta_1 Exposure\_\ ibond_{jt-1} + \beta_2 Exposure\_\ istkcd_{jt-1} $$
$$ + \sum Controls + \varepsilon_{jt} \qquad (6-3) $$

如（6-3）式所示，以公司债券在 t 年的公司债风险溢价（$yspread_{jt}$）为因变量，以公司债在 $t-1$ 年的债券汇率风险敞口和 $t-1$ 年的股票汇率风险敞口为自变量，并控制了一系列控制变量 $Controls$。如果系数 β_1 和 β_2 均显著为正，那么公司债券汇率风险敞口显著正向影响了公司债风险溢价，公司股票汇率风险敞口也显著正向影响了公司债风险溢价。如果 β_1 不显著而 β_2 显著为正，则说明公司债券汇率风险敞口不能显著影响公司债风险溢价，且相比公司债风险溢价，公司股票汇率风险敞口对公司债风险溢价的正向影响更加显著。

6.4 公司债券汇率风险敞口的描述分析

6.4.1 公司债券汇率风险敞口的描述性统计

首先，结合实证结果，对公司债券的汇率风险敞口进行描述性统计，如表 6.1 所示，可以看到控制市场收益而计算得到的公司债券综合汇率风险敞口（*Exposure_ cbond*）均值为 0.101，这低于公司的股票综合汇率风险敞口（*Exposure_ cstkcd*）的均值（1.001）。公司债券综合汇率风险敞口的均值大约是公司股票综合汇率风险敞口均值的 1/10。从波动性上看，公司债券综合汇率敞口的标准差为 0.104，小于公司股票综合汇率风险敞口的标准差（0.955）。以上事实说明整体而言，公司债券的汇率风险敞口远小于公司股票的汇率风险敞口。

表 6.1 公司债券和股票汇率风险暴露的描述性统计

变量名	样本量	均值	标准差	5% 分位数	中位数	95% 分位数
Exposure_ cbond	9601	0.101	0.104	0.003	0.064	0.352
Exposure_ cbondn	9613	0.097	0.103	0.003	0.060	0.343
Exposure_ dbond	9601	0.103	0.109	0.003	0.065	0.353
Exposure_ dbondn	9613	0.099	0.107	0.003	0.062	0.357
Exposure_ ebond	9600	0.064	0.068	0.002	0.038	0.217
Exposure_ ebondn	9612	0.061	0.066	0.002	0.039	0.205
Exposure_ cstkcd	9601	1.001	0.955	0.058	0.728	3.108
Exposure_ dstkcd	9601	0.968	0.948	0.050	0.683	3.012
Exposure_ estkcd	9600	0.730	0.707	0.040	0.498	2.200

进一步地，计算公司债券发达国家货币汇率风险敞口（*Exposure_ dbond*）和新兴市场国家货币汇率风险敞口（*Exposure_ ebond*）。结果表明，公司债券发达国家货币汇率风险敞口与公司债券综合汇率风险敞口在均值

上较为接近，但小于公司股票发达国家货币汇率风险敞口（*Exposure_ dst-kcd*）；而公司债券新兴市场国家货币汇率风险敞口的均值略小于公司债券综合汇率风险敞口，远小于公司股票新兴市场国家货币汇率风险敞口（*Exposure_ estkcd*）。以上事实说明，换用不同货币计算的公司债券汇率风险敞口不会对公司债券汇率风险敞口在数值上产生较大影响，同时整体而言公司债券基于不同货币所计算的汇率风险敞口远小于公司股票基于不同货币所计算的汇率风险敞口。

6.4.2 公司债券汇率风险敞口与其他汇率风险敞口的相关性检验

为了更好地得到公司债券汇率风险敞口与其他汇率风险敞口之间的相关关系，计算了不同种类公司债券汇率风险敞口与其他汇率风险敞口的相关系数，并制作了相关系数矩阵，如表6.2所示。

从表6.2中可以看到在是否控制市场收益下估计得到的不同种类公司债券汇率风险敞口之间的相关性较强。公司债券综合汇率风险敞口与公司债券发达国家货币汇率风险敞口、公司债券新兴市场国家货币汇率风险敞口之间的正向相关性较强。同时，公司股票综合汇率风险敞口、公司股票发达国家货币汇率风险敞口均与公司债券综合汇率风险敞口表现出较强的正相关关系。但是，公司股票新兴市场国家货币汇率风险敞口与公司债券综合汇率风险敞口之间的相关性较弱。公司债券发达国家货币汇率风险敞口与公司股票汇率发达国家汇率风险敞口之间，公司债券新兴市场国家货币汇率风险敞口与公司股票新兴市场国家货币汇率风险敞口之间相关系数显著，但数值上相对较小。

以上事实说明，不同种类公司债券汇率风险敞口内部表现出较强的相关性，但公司债券汇率风险敞口与公司股票汇率风险敞口之间的相关性相对较弱。

表 6.2　公司债券汇率风险敞口与其他汇率风险敞口的相关系数矩阵

变量	Exposure_cbond	Exposure_cbondn	Exposure_dbond	Exposure_dbondn	Exposure_ebond	Exposure_ebondn	Exposure_cstkcd	Exposure_dstkcd	Exposure_estkcd
Exposure_cbond	1.000								
Exposure_cbondn	0.941***	1.000							
Exposure_dbond	0.929***	0.891***	1.000						
Exposure_dbondn	0.897***	0.938***	0.951***	1.000					
Exposure_ebond	0.540***	0.513***	0.411***	0.394***	1.000				
Exposure_ebondn	0.527***	0.557***	0.402***	0.421***	0.938***	1.000			
Exposure_cstkcd	0.029***	0.012	0.018*	-0.004	0.075***	0.053***	1.000		
Exposure_dstkcd	0.038***	0.021**	0.026**	0.001	0.082***	0.065***	0.906***	1.000	
Exposure_estkcd	-0.012	-0.033***	-0.025**	-0.044***	0.076***	0.051***	0.639***	0.483***	1.000

注: *、**、***分别表示在10%、5%和1%的显著性水平下显著。

6.4.3 不同行业公司债券及股票汇率风险敞口

为了得到公司债券汇率风险敞口在不同行业的分布特征，并把它与公司股票汇率风险敞口的行业分布特征进行比较，以同时发行债券和股票的上市公司为样本，计算了不同行业、不同种类公司债券汇率风险敞口和公司股票汇率风险敞口的均值，如表6.3所示。

对于公司债券综合汇率风险敞口而言，公司债券综合汇率风险敞口较高的行业是卫生和社会工作业，信息传输、软件和信息技术服务业和文化、体育和娱乐业。产生上述结果的原因可能是，医疗卫生行业的相关设备对进口的依赖程度较大，需要通过发行外币债券为相关项目进行融资，这增加了医疗卫生行业的债券汇率风险敞口。信息传输、软件和信息技术服务业是高科技行业，涉及较多数量的芯片和通信技术的进口业务，可能会用到外币债券进行融资，因而表现出较高的公司债券汇率风险敞口。文化、体育和娱乐业涉及部分外国文化体育产品的进口，如电影版权和境外体育赛事的转播权进口，外币债券可能是支持这类业务的一种重要融资方式。公司债券汇率风险敞口较低的行业是教育业和居民服务、修理和其他业两类。我国的教育业以国家教育体系为主，涉外业务相对较少，因而表现出较低的公司债券汇率风险敞口。居民服务、修理和其他业的主要服务对象在中国境内，较少与海外业务相关，因而也表现出较低公司债券汇率风险敞口。

与公司股票汇率风险敞口相比，文化、体育和娱乐业以及信息传输、软件和信息技术服务业也表现出了较高的公司股票汇率风险敞口，上述两类行业的公司债券汇率风险敞口和公司股票汇率风险敞口的水平较为接近。而卫生和社会工作行业表现出较低的公司股票汇率风险敞口，这说明该行业的公司在外币融资时更多考虑债券融资而不是权益融资，因而债券的汇率风险敞口较高而股票的汇率风险敞口相对较低。

138

表 6.3　不同行业公司债券、股票汇率风险敞口

行业	Exposure_cbond	Exposure_cstkcd	Exposure_dbond	Exposure_dstkcd	Exposure_ebond	Exposure_estkcd
农林牧渔业	0.080	1.740	0.084	1.667	0.071	1.458
采矿业	0.091	0.983	0.094	0.954	0.067	0.679
制造业	0.108	1.175	0.109	1.160	0.077	0.870
电力、热力、燃气及水生产供应业	0.093	0.874	0.095	0.839	0.060	0.716
建筑业	0.081	0.936	0.082	0.882	0.062	0.698
批发和零售业	0.097	0.969	0.094	0.984	0.066	0.700
铁路运输业	0.104	0.993	0.102	0.903	0.076	0.708
住宿和餐饮业	0.091	1.645	0.117	1.712	0.027	0.745
信息传输、软件和信息技术服务业	0.133	1.336	0.133	1.367	0.099	0.878
租赁和商务服务业	0.087	1.278	0.091	1.252	0.054	0.834
科学研究和技术服务业	0.088	1.483	0.078	1.438	0.022	1.125
水利、环境和公共设施管理业	0.099	1.179	0.094	1.133	0.086	1.024
居民服务、修理和其他业	0.070	1.295	0.091	1.451	0.101	1.685
教育业	0.009	1.552	0.009	1.263	0.005	1.745
卫生和社会工作业	0.134	0.725	0.110	0.717	0.141	0.642
文化、体育和娱乐业	0.119	1.429	0.121	1.449	0.083	1.072
综合业	0.099	1.033	0.098	0.968	0.065	0.819

6.4.4　公司加权平均汇率风险敞口

参考加权平均资本成本的构建方法，构建了加权平均汇率风险敞口，从而更加全面地衡量公司层面的汇率风险敞口水平。

$$Exposure\_i\_ttl = \frac{E}{D+E} \times Exposure\_istkcd + \frac{D}{D+E}$$
$$\times Exposure\_ibond \times (1-t) \qquad (6-4)$$

其中，i 表示汇率风险敞口基于的货币种类，$i = c$ 表示综合汇率风险敞口，$i = d$ 表示基于发达国家货币计算的汇率风险敞口，$i = e$ 表示基于新兴市场国家货币计算的汇率风险敞口。$Exposure\_i\_ttl$ 表示公司的加权平均汇率风险敞口，$Exposure\_istckd$ 表示公司股票汇率风险敞口，$Exposure\_ibond$ 表示公司债券汇率风险敞口。E 表示公司股东权益总额，D 表示公司的负债总额。t 表示公司的平均税率，用公司企业所得税总额除以销售收入表示。

具体地，将公司的股票汇率风险敞口和债券汇率风险敞口依照资本结构加权得到公司综合汇率风险敞口。相关汇率风险敞口的描述性统计如表6.4 所示。

公司加权平均综合汇率风险敞口（$Exposure\_c\_ttl$）均值为 0.509，小于公司的股票综合汇率风险敞口，大于公司债券综合汇率风险敞口。公司加权平均综合汇率风险敞口的均值在三类加权平均汇率风险敞口中是最高的。它高于公司加权平均发达国家汇率风险敞口的均值（0.500）和公司加权平均新兴市场国家汇率风险敞口的均值（0.372）。

进一步地，计算了不同行业加权平均汇率风险敞口的水平，如表6.4 Panel B 所示，加权平均综合汇率风险敞口较高的行业是教育业和农林牧渔业。这说明我国教育行业中的部分企业越来越多地受到境外机构投资者的重视，表现出较大的汇率风险敞口。同时，随着我国对外开放的稳步推进，农林牧渔业也吸引了较多国外资本的投资参与，相关农业企业也从海外引进了大量的农业先进技术设备。因而，我国的农林牧渔行业也表现出较高的加权平均综合汇率风险敞口。建筑业和电力、热力、燃气及水生产供应业的加权平均综合汇率风险敞口相对较低。这说明，我国建筑业企业对国内市场的关注程度较高，且管理汇率风险敞口的能力相对较强。而电力、热力、燃气及水生产供应业的供应链地位相对较高，具有一定的供应链市场影响力，可以向供应链上下游的其他公司传导汇率风险。

加权平均发达国家汇率风险敞口（$Exposure\_d\_ttl$）较高的行业仍然

是教育业和农林牧渔业，加权平均发达国家汇率风险敞口较低的行业也是建筑业和电力、热力、燃气及水生产供应业。加权平均新兴市场国家汇率风险敞口（$Exposure\_e\_ttl$）较高的行业是教育业，较低的行业是电力、热力、燃气及水生产供应业，建筑业和住宿和餐饮业。这说明我国的住宿餐饮行业对新兴市场国家市场的开发程度稍显欠缺，表现出较低的新兴市场国家汇率风险敞口。

表 6.4　公司综合汇率风险敞口

Panel A

变量名	样本量	均值	标准差	5%分位数	中位数	95%分位数
$Exposure\_c\_ttl$	7339	0.509	0.495	0.060	0.355	1.513
$Exposure\_d\_ttl$	7337	0.500	0.494	0.057	0.345	1.464
$Exposure\_e\_ttl$	7344	0.372	0.350	0.043	0.265	1.107

Panel B

行业	$Exposure\_c\_ttl$	$Exposure\_d\_ttl$	$Exposure\_e\_ttl$
农林牧渔业	0.993	0.949	0.834
采矿业	0.466	0.463	0.328
制造业	0.576	0.570	0.419
电力、热力、燃气及水生产供应业	0.369	0.361	0.294
建筑业	0.303	0.292	0.228
批发和零售业	0.436	0.449	0.307
铁路运输业	0.528	0.485	0.381
住宿和餐饮业	0.592	0.647	0.259
信息传输、软件和信息技术服务业	0.744	0.764	0.486
租赁和商务服务业	0.490	0.458	0.330
科学研究和技术服务业	0.895	0.886	0.648
水利、环境和公共设施管理业	0.572	0.550	0.476
居民服务、修理和其他业	0.580	0.649	0.837
教育业	1.356	1.104	1.524
卫生和社会工作业	0.398	0.379	0.368
文化、体育和娱乐业	0.792	0.814	0.599
综合业	0.526	0.482	0.416

6.5 公司债券汇率风险敞口的相关实证结果

6.5.1 相关变量的选取

接下来要探究哪些因素会影响公司债券汇率风险敞口，并比较公司债券汇率风险敞口和公司股票汇率风险敞口对公司债风险溢价的影响差异。为此，参考第 4 章、第 5 章的变量选取了以下变量，如表 6.5 所示。

其中，对于影响公司债券汇率风险敞口的因素，参考第 5 章的变量选择，选择公司债券层面的发行规模（Scale）、距离到期期限（Maturity）、债券评级（Bond_ rate）、换手率（Turnover），以及公司层面的是否国有（SOE）、公司总资产规模（Asset）、资产负债率（Lev）、第一大股东持股比例（Tophold）和营业收入增长率（Growth）。对于公司债的价格，参考第 5 章的构建方法，选取到期收益率风险溢价（Yspread）作为核心度量指标，在后续的实证分析中检验公司债券汇率风险敞口对它的影响。

表 6.5 变量定义及解释

变量名	变量定义
Exposure_ cbond	公司债券综合汇率风险敞口（控制市场收益）
Exposure_ cbondn	公司债券综合汇率风险敞口（不控制市场收益）
Exposure_ dbond	公司债券发达国家货币汇率风险敞口（控制市场收益）
Exposure_ dbondn	公司债券发达国家货币汇率风险敞口（不控制市场收益）
Exposure_ ebond	公司债券新兴市场国家货币汇率风险敞口（控制市场收益）
Exposure_ ebondn	公司债券新兴市场国家货币汇率风险敞口（不控制市场收益）
Exposure_ cstkcd	公司股票综合汇率风险敞口
Exposure_ dstkcd	公司股票发达国家货币汇率风险敞口
Exposure_ estkcd	公司股票新兴市场国家货币汇率风险敞口
Yspread	到期收益率风险溢价

续表

变量名	变量定义
Scale	发行总额（亿元）
Maturity	距离到期期限（年）
Bond_rate	债券评级：AAA，A−1 =3；AA +，AA =2；AA −，A +，A − =1
Turnover	换手率（年成交总金额/发行规模）
SOE	是否国有：1 =国有，0 =非国有
Asset	总资产（百亿元）
Lev	资产负债率
Tophold	第一大股东持股比例
Growth	营业收入增长率

6.5.2 公司债券汇率风险敞口的影响因素

实证分析中，首先检验了哪些公司债券层面因素或者公司层面因素可能影响公司债券的汇率风险敞口。如表6.6第（1）~（4）列所示，控制了不同层面的固定效应并加入了不同类型的控制变量。

根据表6.6第（4）列的实证结果，公司债券层面，更大的公司债券发行规模（Scale）显著对应着更大的公司债券汇率风险敞口。这说明，由于海外经营和投资通常需要较高的投资和成本，融资规模更大的公司债券可以为公司的海外经营和投资提供更多的资金支持。债券期限（Maturity）显著正向影响公司债券汇率风险敞口，这意味着海外经营和投资需要长期的资本投入，期限更长的资金可以更有效地为海外经营和投资提供资金支持。债券评级（Rating）与公司债券汇率风险敞口显著负相关，更高的债券评级意味着公司业务的信用风险更低，海外经营投资风险也相应更低，因而表现出了更低的公司债券汇率风险敞口。

公司层面的因素中，国有公司（SOE）通常具有较低债券汇率风险敞口，这可能是由于国有公司开展海外业务和投资时间较长，管理汇率风险敞口的能力较强，因而表现出更低的公司债券汇率风险敞口。公司资产规模（*Asset*）与公司债券汇率风险敞口显著负相关。规模更大的公司通常更有能力去构建专业的汇率风险管理团队，而且可以更加熟练地使用外汇风险管理工具，因而表现出更低的汇率风险敞口。公司资产负债率（*Lev*）与公司债券汇率风险敞口显著负相关，公司保持适度的资产负债率可能为其带来"税盾"优势，适度降低公司涉外经营投资现金流的波动性，从而降低公司债券汇率风险敞口。公司第一大股东持股比例（*Tophold*）与公司债券汇率风险敞口显著正相关。第一大股东持股比例越高，越可能出现过度境外扩张，加剧公司海外经营投资风险的资产替代行为，损害了债券价值，使公司表现出更大的公司债券汇率风险敞口。最后，公司更高的增长速度（*Growth*）对应着更低的公司债券汇率风险敞口。公司更高的营业收入增长速度意味着公司海外经营和投资拓展更加顺利，境外经营投资风险更小，因而公司债券汇率风险敞口更低。

表 6.6　公司债券汇率风险敞口的影响因素

变量名	(1)	(2)	(3)	(4)
	Exposure_ cbond	*Exposure_ cbond*	*Exposure_ cbond*	*Exposure_ cbond*
Scale	0. 000 ***	0. 000	0. 000	0. 000 ***
	(0. 000)	(0. 000)	(0. 000)	(0. 000)
Maturity	0. 007 ***	0. 003 ***	0. 003 ***	0. 003 ***
	(0. 001)	(0. 001)	(0. 001)	(0. 001)
Rating	− 0. 023 ***	− 0. 026 ***	− 0. 028 ***	− 0. 027 ***
	(0. 002)	(0. 003)	(0. 003)	(0. 003)
Turnover	− 0. 001	− 0. 001	− 0. 001	− 0. 001
	(0. 001)	(0. 001)	(0. 001)	(0. 001)
SOE		− 0. 007 ***		− 0. 007 **
		(0. 003)		(0. 003)
Asset		− 0. 000 **		− 0. 000 ***
		(0. 000)		(0. 000)
Lev		− 0. 050 ***		− 0. 038 ***
		(0. 009)		(0. 011)

续表

变量名	（1） Exposure_ cbond	（2） Exposure_ cbond	（3） Exposure_ cbond	（4） Exposure_ cbond
Tophold		0.027 ***		0.049 ***
		(0.009)		(0.010)
Growth		− 0.010 **		− 0.012 **
		(0.005)		(0.005)
Constant	0.133 ***	0.178 ***	0.161 ***	0.169 ***
	(0.006)	(0.008)	(0.007)	(0.010)
Industry_ FE	No	No	Yes	Yes
Year_ FE	Yes	Yes	Yes	Yes
N	9527	8269	7320	7256
Adj − R²	0.082	0.110	0.096	0.109

注：括号内为集聚在公司债层面的标准误；*、**、*** 分别表示在 10%、5% 和 1% 的显著性水平下显著。

6.5.3　不同市场债券风险敞口比较

由于公司债券的交易市场主要包括交易所市场和银行间市场，本书分别测算了上海证券交易所、深圳证券交易所和银行间市场的公司债汇率风险暴露水平，具体结果如表 6.7 Panel A 所示。

整体看，银行间市场是我国公司债券交易的主要市场。在银行间市场交易的公司债券综合汇率风险敞口水平在三类市场中居中，均值达到了 0.101；在深圳证券交易所交易的公司债券均值达到了 0.114，在三类债券市场中最高；在上海证券交易所交易的公司债券综合汇率风险敞口最低，为 0.093；对于公司债券发达国家货币汇率风险敞口而言，深圳证券交易所的公司债券发达国家汇率风险敞口最高，银行间市场公司债券发达国家汇率风险敞口次之，上海证券交易所公司债券发达国家汇率风险敞口最低。

进一步地，在表 6.7 Panel B 中，分市场检验了公司债券汇率风险敞口的影响因素。从实证检验的样本量看，银行间市场的样本量大约等于上海证券交易所和深圳证券交易所的样本量之和。这说明银行间市场确实是我国公司债券的主要交易场所。同时，实证结果表明在上海证券交易所和银行间市场中，公司债券评级与公司债券的汇率风险敞口显著负相关。在三类市场中，公司总资产规模与公司债券的汇率风险敞口显著负相关。在上海和深圳证券交易所中，公司资产负债率与公司债券的汇率风险敞口显著负相关。在深圳证券交易所和银行间市场中，第一大股东持股比例与公司债券汇率风险敞口显著正相关。以上异质性分析的结果表明，在不同市场之间，对公司债券汇率风险敞口影响比较稳定的因素是公司债券评级、公司总资产规模和公司第一大股东持股比例。

表 6.7 不同市场的债券汇率风险敞口

Panel A

	Exposure_ cbond	Exposure_ dbond	Exposure_ ebond
上海证券交易所	0.093	0.093	0.067
深圳证券交易所	0.114	0.114	0.080
银行间市场	0.101	0.104	0.055

Panel B

	(1)	(2)	(3)
市场	上海证券交易所	深圳证券交易所	银行间市场
变量名	Exposure_ cbond	Exposure_ cbond	Exposure_ cbond
Scale	−0.000	0.000	0.000 ***
	(0.000)	(0.001)	(0.000)
Maturity	0.002	−0.007 ***	0.005 ***
	(0.001)	(0.003)	(0.001)
Rating	−0.031 ***	−0.000	−0.022 ***
	(0.005)	(0.009)	(0.004)
Turnover	−0.001	0.007	0.001
	(0.007)	(0.007)	(0.001)

Panel B

市场	（1） 上海证券交易所	（2） 深圳证券交易所	（3） 银行间市场
变量名	Exposure_ cbond	Exposure_ cbond	Exposure_ cbond
SOE	0.001	− 0.008	− 0.003
	(0.007)	(0.009)	(0.004)
Asset	− 0.000 ***	− 0.004 ***	− 0.000 ***
	(0.000)	(0.001)	(0.000)
Lev	− 0.051 **	− 0.046 *	− 0.010
	(0.022)	(0.026)	(0.014)
Tophold	0.017	0.060 *	0.054 ***
	(0.019)	(0.032)	(0.012)
Growth	0.001	− 0.018	− 0.011 *
	(0.010)	(0.011)	(0.007)
Constant	0.200 ***	0.161 ***	0.121 ***
	(0.017)	(0.027)	(0.013)
Industry_ FE	Yes	Yes	Yes
Year_ FE	Yes	Yes	Yes
N	2162	1481	3610
Adj − R^2	0.118	0.108	0.115

注：括号内为集聚在公司债层面的标准误；＊、＊＊、＊＊＊分别表示在10%、5%和1%的显著性水平下显著。

6.5.4　公司债券、股票汇率风险敞口与公司债风险溢价

为了比较公司债券汇率风险敞口和股票汇率风险敞口对公司债风险溢价（Yspread）的影响大小，同时将公司债券汇率风险敞口和股票风险敞口纳入实证模型中，如表6.8所示。在表6.8的各列中，在不同的模型设定下比较了公司债券汇率风险敞口和股票汇率风险敞口对公司债风险溢价的影响大小。结果表明，在不同的模型设定下，公司债券汇率风险

敞口大致能与公司债风险溢价保持正相关关系，但这种关系并不显著。公司股票汇率风险敞口在不同的模型设定下基本均与公司债风险溢价保持正相关关系。这说明，相较于公司股票汇率风险敞口，公司债券汇率风险敞口对公司债风险溢价的影响较小，尚不会对公司的债券融资带来额外的成本。这也部分印证了经典文献中通常假定公司债权人权益不受汇率风险影响的合理性。其他的变量中，更大的公司债规模对应更低的公司债风险溢价，更高的公司债券评级对应更低的公司债风险溢价，国有公司享有更低的公司债风险溢价，公司更高的资产负债率对应更高的公司债风险溢价。这些结果均与既有的实证结果保持一致，证明实证模型构建有效。

表6.8 公司债券、股票汇率风险敞口与公司债风险溢价

变量名	(1)	(2)	(3)	(4)
	Yspread	Yspread	Yspread	Yspread
Exposure_ cbond	−0.272	0.047	0.169	0.231
	(0.188)	(0.191)	(0.196)	(0.190)
Exposure_ cstkcd	0.078 ***	0.037 **	0.059 ***	0.038 **
	(0.019)	(0.018)	(0.019)	(0.019)
Scale	−0.007 ***	−0.004 ***	−0.009 ***	−0.006 ***
	(0.001)	(0.002)	(0.001)	(0.001)
Maturity	−0.127 ***	−0.101 ***	−0.093 ***	−0.082 ***
	(0.011)	(0.012)	(0.013)	(0.012)
Rating	−0.905 ***	−0.631 ***	−0.756 ***	−0.615 ***
	(0.054)	(0.057)	(0.058)	(0.058)
Turnover	−0.025 *	−0.021	−0.011	−0.009
	(0.013)	(0.014)	(0.014)	(0.013)
SOE		−0.935 ***		−0.850 ***
		(0.070)		(0.073)
Asset		−0.002		−0.001
		(0.001)		(0.001)
Lev		2.295 ***		2.483 ***
		(0.166)		(0.200)

续表

变量名	（1）	（2）	（3）	（4）
	Yspread	Yspread	Yspread	Yspread
Tophold		− 0.004		− 0.044
		(0.224)		(0.244)
Growth		− 0.188 **		− 0.027
		(0.078)		(0.078)
Constant	5.294 ***	3.839 ***	4.882 ***	3.594 ***
	(0.146)	(0.171)	(0.161)	(0.189)
Industry_ FE	No	No	Yes	Yes
Year_ FE	Yes	Yes	Yes	Yes
N	8565	7431	6425	6415
Adj − R^2	0.176	0.237	0.210	0.269

注：括号内为集聚在公司债层面的标准误；＊、＊＊、＊＊＊分别表示在 10%、5% 和 1% 的显著性水平下显著。

6.5.5　稳健性检验

为了检验公司债券汇率风险敞口影响因素的相关实证结果是否具有稳健性，替换了公司债券汇率风险敞口的度量方式。首先，在表 6.9 第（1）列中检验了公司债发达国家货币汇率风险敞口的影响因素。结果表明，公司债券的发行规模、距离到期期限、第一大股东持股比例等因素与公司债发达国家货币汇率风险敞口之间显著正相关。而公司债券信用评级、公司总资产规模、公司资产负债率和公司主营业务收入增长率与公司债发达国家货币汇率风险敞口显著负相关。这与公司债综合汇率风险敞口的相关结论基本保持一致。

在表 6.9 第（2）列中，检验了公司债新兴市场国家汇率风险敞口的影响因素。对于公司债新兴市场国家汇率风险敞口，公司债发行规模、公司债到期期限、第一大股东持股比例与公司债新兴市场国家汇率风险敞口显著正相关。公司债信用评级、国有公司属性、总资产规模、公司资产负债率、营业收入增长率与公司债新兴市场国家汇率风险敞口显著负相关。

另外，为了对比公司债券和股票汇率风险敞口影响因素的差异，在表6.9第（3）~（5）列中，检验了公司股票汇率风险敞口的影响因素。结果发现，公司债发行规模会正向影响公司债券汇率风险敞口，但与公司股票汇率风险敞口显著负相关。公司的国有属性、总资产规模、资产负债率对公司股票和债券汇率风险敞口的影响方向相同。

表6.9　其他公司债券汇率风险敞口影响因素检验

变量名	（1）	（2）	（3）	（4）	（5）
	Exposure_ dbond	*Exposure_ ebond*	*Exposure_ cstkcd*	*Exposure_ dstkcd*	*Exposure_ estkcd*
Scale	0. 000 ***	0. 000 ***	− 0. 002 ***	− 0. 002 ***	− 0. 001 ***
	（0. 000）	（0. 000）	（0. 001）	（0. 001）	（0. 000）
Maturity	0. 004 ***	0. 002 ***	0. 001	− 0. 001	0. 001
	（0. 001）	（0. 000）	（0. 006）	（0. 006）	（0. 005）
Rating	− 0. 027 ***	− 0. 022 ***	0. 020	− 0. 007	− 0. 007
	（0. 003）	（0. 002）	（0. 026）	（0. 025）	（0. 019）
Turnover	− 0. 000	− 0. 000	− 0. 005	− 0. 011	− 0. 006
	（0. 001）	（0. 000）	（0. 007）	（0. 007）	（0. 005）
SOE	− 0. 005	− 0. 005 **	− 0. 138 ***	− 0. 135 ***	− 0. 131 ***
	（0. 003）	（0. 002）	（0. 030）	（0. 030）	（0. 022）
Asset	− 0. 000 ***	− 0. 000 ***	− 0. 002 ***	− 0. 001 ***	− 0. 001 ***
	（0. 000）	（0. 000）	（0. 000）	（0. 000）	（0. 000）
Lev	− 0. 037 ***	− 0. 027 ***	− 0. 152	− 0. 261 ***	0. 062
	（0. 011）	（0. 007）	（0. 094）	（0. 094）	（0. 070）
Tophold	0. 054 ***	0. 018 ***	− 0. 201 **	− 0. 273 ***	− 0. 039
	（0. 010）	（0. 007）	（0. 084）	（0. 084）	（0. 063）
Growth	− 0. 012 **	− 0. 011 ***	0. 157 ***	0. 193 ***	0. 003
	（0. 005）	（0. 004）	（0. 046）	（0. 048）	（0. 033）

续表

变量名	（1）	（2）	（3）	（4）	（5）
	Exposure_ dbond	Exposure_ ebond	Exposure_ cstkcd	Exposure_ dstkcd	Exposure_ estkcd
Constant	0. 162 ***	0. 134 ***	1. 316 ***	1. 445 ***	0. 909 ***
	（0. 010）	（0. 007）	（0. 085）	（0. 083）	（0. 062）
Industry_ FE	Yes	Yes	Yes	Yes	Yes
Year_ FE	Yes	Yes	Yes	Yes	Yes
N	7255	7253	7256	7255	7253
Adj – R^2	0. 126	0. 096	0. 105	0. 099	0. 103

注：括号内为集聚在公司债层面的标准误；＊、＊＊、＊＊＊分别表示在 10%、5% 和 1% 的显著性水平下显著。

接下来，在实证模型中同时加入公司债券发达国家货币汇率风险敞口和公司股票发达国家汇率风险敞口，结果如表 6. 10 第（3）列所示。实证结果表明，公司债券发达国家货币汇率风险敞口和公司股票发达国家货币汇率风险敞口都与公司债风险溢价正向相关，但公司股票发达国家汇率风险敞口更加显著地正向影响了公司债风险溢价。如表 6. 10 第（4）列所示，同时加入了公司债券新兴市场国家货币汇率风险敞口和公司股票新兴市场国家货币汇率风险敞口。公司债券新兴市场国家汇率风险敞口与公司债风险溢价负向相关，公司股票新兴市场国家汇率风险敞口与公司债风险溢价正相关，但不显著。综合以上事实，可以得出结论：公司股票汇率风险敞口与公司债风险溢价的正向相关关系较为稳健，但公司债券汇率风险敞口与公司债风险溢价的相关关系并不稳定。

表 6. 10　其他公司债券、股票汇率风险敞口与公司债风险溢价

变量名	（1）	（2）	（3）	（4）
	Yspread	Yspread	Yspread	Yspread
Exposure_ dbond	0. 193		0. 250	
	（0. 189）		（0. 185）	

变量名	（1）	（2）	（3）	（4）
	Yspread	*Yspread*	*Yspread*	*Yspread*
Exposure_ dstkcd	0.034 *		0.035 **	
	(0.017)		(0.018)	
Exposure_ ebond		0.154		−0.090
		(0.293)		(0.271)
Exposure_ estkcd		0.051 *		0.024
		(0.028)		(0.029)
Scale	−0.004 ***	−0.004 ***	−0.006 ***	−0.006 ***
	(0.002)	(0.002)	(0.001)	(0.001)
Maturity	−0.102 ***	−0.102 ***	−0.083 ***	−0.082 ***
	(0.012)	(0.012)	(0.013)	(0.013)
Rating	−0.635 ***	−0.637 ***	−0.614 ***	−0.621 ***
	(0.058)	(0.058)	(0.058)	(0.059)
Turnover	−0.021	−0.021	−0.008	−0.008
	(0.014)	(0.013)	(0.013)	(0.013)
SOE	−0.945 ***	−0.944 ***	−0.851 ***	−0.856 ***
	(0.072)	(0.072)	(0.073)	(0.074)
Asset	−0.002	−0.002	−0.001	−0.001
	(0.001)	(0.001)	(0.001)	(0.001)
Lev	2.315 ***	2.304 ***	2.486 ***	2.471 ***
	(0.168)	(0.168)	(0.200)	(0.200)
Tophold	0.010	0.006	−0.047	−0.049
	(0.226)	(0.226)	(0.245)	(0.245)
Growth	−0.187 **	−0.201 **	−0.025	−0.040
	(0.078)	(0.078)	(0.078)	(0.077)
Constant	3.833 ***	3.852 ***	3.591 ***	3.675 ***
	(0.168)	(0.174)	(0.186)	(0.193)
Industry_ FE	No	No	Yes	Yes
Year_ FE	Yes	Yes	Yes	Yes
N	7426	7429	6414	6416
Adj − R^2	0.234	0.234	0.269	0.269

注：括号内为集聚在公司债层面的标准误；*、**、***分别表示在10%、5%和1%的显著性水平下显著。

6.6 本章结论与政策建议

总结本章的全部实证结果，可以得出以下几点结论。其一，公司债券的汇率风险敞口小于公司股票的汇率风险敞口，公司债券发达国家货币汇率风险敞口最高，综合汇率风险敞口次之，新兴市场国家货币汇率风险敞口最低。公司债券汇率风险敞口与公司股票汇率风险敞口之间总体上可以保持正向相关性，但是不同种类公司债券汇率风险敞口内部的相关性更强，公司债券汇率风险敞口与公司股票汇率风险敞口之间的相关性相对较弱。行业特征上，公司债券汇率风险敞口较高的行业是卫生和社会工作业，信息传输、软件和信息技术服务业和文化、体育和娱乐业；而公司债券汇率风险敞口较低的行业是教育业和居民服务、修理和其他业。由公司债券的汇率风险敞口和公司股票的汇率风险敞口可以构建公司加权平均汇率风险敞口。公司加权平均汇率风险敞口较高的行业是教育业和农林牧渔业，加权平均汇率风险敞口较低的行业是建筑业和电力、热力、燃气及水生产供应业。在公司债券汇率风险敞口的影响因素中，公司债券的发行规模、公司债券的期限、公司第一大股东持股比例与公司债券汇率风险敞口正相关；而公司的信用评级、国有属性、资产负债率与公司的营业收入增长率与公司债券汇率风险敞口负相关。异质性结果表明，我国不同的债券交易市场上，公司债券汇率风险敞口存在差异。深圳证券交易所的公司债券汇率风险敞口最高、银行间市场的汇率风险敞口次之、上海证券交易所的汇率风险敞口相对较低。其二，相较于公司股票汇率风险敞口，公司债券汇率风险敞口对公司债风险溢价的影响相对较弱。

结合本章结论，本书提出以下几点政策建议。首先，公司的经营决策者需要密切关注公司债券汇率风险敞口的时序变化和截面变化。虽然当前公司债券的汇率风险敞口还相对较小，但是随着我国企业境外业务的进一步深入和拓展，债券融资币种与公司收入币种之间的货币错配现象将更加普遍，要警惕债券汇率风险敞口在未来上升的可能性。其次，推动公司开展加权平均汇率风险敞口的测算和管理。既有的文献和研究报告更多关注公司股票的汇率风险敞口，却忽视了公司债券的汇率风险敞口。因而，建议公司层面可以考虑建立综合全面的汇率风险敞口披露框架，同时关注和测算公司债券和股票汇率风险敞口的变动情况，对公司加权平均汇率风险敞口进行综合分析。接下来，要引导不同行业制订差异化的公司债券汇率风险敞口管理方案。不同行业的公司债券汇率风险敞口存在差异，加权平均汇率风险敞口也各有不同。要重点关注和管理卫生和社会工作业，信息传输、软件和信息技术服务业以及文化、体育和娱乐业的公司债券汇率风险敞口，另外也需要重视教育业和农林牧渔业的汇率风险敞口的管理。最后，应当鼓励企业提升自身的信用评级、财务和公司治理状况从而降低自身的汇率风险敞口。国有企业应当继续保持和发扬自身管理汇率风险敞口的经营和优势，从而进一步加强其对公司债券汇率风险敞口的管理。

第7章 全书研究结论与政策建议

7.1 全书总结

本书回顾了我国汇率制度改革、股票再融资制度改革和信用债务危机的历史背景，梳理了公司股权再融资折价、公司债风险溢价以及汇率风险敞口与公司股权再融资折价和公司债风险溢价关系的相关文献。接着，基于图像分析分析了我国汇率风险敞口、公司融资结构和融资成本的时序变动，并使用图像直观展示了汇率风险敞口对不同形式融资成本的影响差异。最后，基于实证手段，着重分析了汇率风险敞口对公司造成的微观经济后果，即对公司股权再融资折价和公司债风险溢价的影响。

其中，在文献综述章节，本书基于公司金融理论详尽讨论了公司股权再融资和债券发行时面临的信息不对称和利益冲突，并且详尽分析了公司汇率风险敞口如何通过信息不对称和利益冲突渠道影响公司不同种类的融资成本。具体地，公司的汇率风险敞口将增加公司价值的不确定性，差异化地增加公司不同融资方式下公司内部与融资人的信息不对称程度。差异化的信息不对称程度将在不同种融资方式下激化公司内部不同种类的利益冲突，进而使汇率风险敞口经由不同机制影响公司的融资成本。

如表7.1所示，当公司进行股权再融资时，股权投资者是公司的外部投资者，不了解公司实际的境外风险。受到股权再融资发行程序和发行后锁定期制度的限制，股权投资者将承担汇率变动下公司价值不确定性的损失。同时，股权投资者还将面临股权再融资时大股东和中小股东的利益冲突，即大股东股权再融资前的"择时"行为和再融资后的"掏空"行为。受到大股东和中小股东的利益冲突的影响，汇率风险敞口将使股权投资者参与股权再融资时索取更高的再融资折价。

当公司进行债券融资时，债券投资者也是公司的外部投资者。债券投资者参与公司融资时面临和银行投资者相同的利益冲突，即在汇率风险敞口较高的公司中，股东可能会损害债券投资者的利益从事低效率投资。但是，债券投资者不能像银行一样掌握公司部分内部信息。因此，公司的境外经营、境外投资和衍生品使用情况无法影响到汇率风险敞口与公司债价格的关系。

表7.1 信息不对称、利益冲突与公司融资方式比较

公司融资方式	融资人	投资者类型	信息不对称程度	利益冲突类型
股权再融资	股权投资者	外部投资者	较高	大股东和中小股东利益冲突
债券融资	债券投资者	外部投资者	较高	股东和债权人利益冲突

7.2 主要研究结论

本书有三个章节使用实证方法论述了汇率风险敞口与不同种类公司融资成本的关系，主要结论如下。

第一，汇率风险敞口将使公司在发行股票再融资时承担更高的综合发行成本。公司更高的信息不对称程度将使公司在相同的汇率风险敞口下承担更高的股权再融资折价。公司汇率风险敞口将使公司在股权再融资时承担更高的其他发行成本。更高的汇率风险敞口使公司在再次发行股票时承

担更低的累积平均超额收益率。更高的汇率风险敞口将使公司在股权再融资时承担更高的直接发行成本。汇率风险敞口将增加公司股权再融资预案被否的概率。汇率风险敞口更高将导致公司更大的股权再融资规模。大股东将更倾向于发行股票以弥补汇率风险敞口的潜在损失。大股东还将借助在公司股价被高估时"择时"发行股票，掩盖公司汇率风险敞口对股权再融资的不利影响。

第二，汇率风险敞口对股权再融资成本的影响受到证券交易限制和汇率制度改革的影响。汇率风险敞口增加公司股权再融资成本体现了大股东和中小股东的利益冲突。允许融资融券交易的个股，交易限制更低，汇率风险敞口被更加有效地反映到股票日常的价格之中。对于被选为融资融券标的的公司，相同汇率风险敞口将使其承担更低的股权再融资折价。汇率制度改革后，公司的汇率风险敞口显著增加，将使公司较"汇改"前承担更高的股权再融资折价。对于大股东和中小股东利益冲突更严重的公司，大股东在高汇率风险敞口下遭受损失后，有更强烈的动机去利用股权再融资侵占其他中小股东的利益。而预期到大股东利益侵占行为的中小股东将索取更高的股权再融资折价以弥补股票发行后的潜在损失。

第三，汇率风险敞口将增加公司的违约风险，增加公司的债券融资成本。公司的信息披露水平将影响汇率风险敞口与公司债融资成本的关系。汇率风险敞口将增加公司的预期违约概率。这使汇率风险敞口同时增加了公司债发行时票面利率的风险溢价和二级市场交易时到期收益率的风险溢价。公司汇率风险敞口隐含着公司的非公开的涉外业务信息。公司更高质量的信息披露水平将使公司在相同的汇率风险敞口下承担更低的债券风险溢价。汇率制度改革后，汇率风险敞口将使公司承担更高的公司债风险溢价。

第四，汇率风险敞口将使公司在违约风险事件发生时承担更大的价值损失，汇率风险敞口也将激化股东与债券投资者的利益冲突进而提升公司债的风险溢价。发生债券违约风险事件时，市场上发行公司债券的公司都将受此影响承担不同程度的价值损失。汇率风险敞口更高的公司将在违约事件中承担更高的价值损失，表现为更低的累积平均超额收益率。汇率风险敞口将激化股东和债权人的利益冲突，促使股东因汇率风险从事低效率投资，并且使融资约束更严重的公司在相同的汇率风险敞口下承担更高的公司债风险溢价。

第五，公司存在债券汇率风险敞口，但它在数值上小于股票汇率风险敞口。公司不同种类的债券汇率风险敞口内部保持着较强的相关性，但它们与公司股票汇率风险敞口之间的相关性相对较弱。由公司债券汇率风险敞口和股票汇率风险敞口可以构建加权平均汇率风险敞口。公司债券汇率风险敞口的行业分布表现为：卫生和社会工作业，信息传输、软件和信息技术服务业和文化、体育和娱乐业的债券汇率风险敞口较高；而教育业和居民服务、修理和其他业的公司债券汇率风险敞口较低。

第六，公司债券汇率风险敞口会受到债券层面因素和公司层面因素的影响。公司债券的发行规模、期限、第一大股东持股比例与公司债券汇率风险敞口正相关；而公司的信用评级、国有属性、资产负债率和公司的营业收入增长率与公司债券汇率风险敞口负相关。虽然公司债券汇率风险敞口与公司债风险溢价保持正相关关系，但是它对公司债风险溢价的影响程度弱于公司股票汇率风险敞口。

7.3　主要政策建议

第一，公司应当提升对公司层面汇率风险敞口的重视程度，要重视汇率风险敞口的微观经济后果，重视汇率风险敞口对公司融资成本的影响。过去，大部分公司忽视自身的汇率风险，或者仅有涉外经营、投资的公司才会关注企业汇率风险。但是，单纯的汇率风险并不能准确反映汇率风险对公司价值的影响，真正反映汇率风险对公司价值的影响的是公司的汇率风险敞口。汇率风险敞口相较汇率风险而言是一个更广义的概念。境外业务规模较大的公司可能因境外收入和负债形成了自然对冲而面临较小的汇率风险敞口；没有境外收入的公司也可能因竞争效应和产业链的传递效应面临汇率风险敞口。因此，贸易部门和非贸易部门的公司均需意识到汇率风险敞口对公司价值的影响，并且重视汇率风险敞口对公司的微观经济后果，重视其对公司股权再融资成本、债券融资成本的影响。对于大部分公司而言，虽然汇率风险敞口不会使公司面临破产风险，但是汇率风险敞口却会隐性增加公司层面的融资成本，降低公司的净利润。

第二，公司需要重视管理自身的汇率风险敞口，降低汇率风险敞口对公司融资成本的影响。一方面，公司需要正确地使用经营性对冲和衍生品，进而对冲管理自身的汇率风险，树立正确的汇率风险衍生品使用观念，警惕使用外汇衍生品后的道德风险行为，避免使用外汇衍生品从事投机活动。另一方面，公司应当尽可能提升信息披露水平和质量，主动邀请分析师等外部机构撰写对公司境外业务的跟踪报道，增加投资者对公司实际汇率风险的了解，最终降低公司整体的融资成本。此外，公司内部应当设定相应的制度约束股东，特别是大股东的利益侵占行为和其他的机会主义行为，降低公司内部股东和债权人之间以及大股东和中小股东之间的利益冲突，降低汇率风险敞口通过这两个渠道影响公司融资成本的可能性。

第三，股权投资机构和债券投资者应当与公司在再融资时明确资金的投向和使用，限制公司大股东在汇率风险敞口下从事低效率投资甚至"掏空"新增融资的行为。目前，股权投资者和债券投资者相较银行在公司融资后限制公司资金用途的能力相对较差。公司往往利用自身价值被高估时期掩盖汇率风险敞口，超额募集资金，之后在融资后从事低效率投资，造成了资金的浪费。而由此产生的利益冲突促使股权投资者和债券投资者在向汇率风险敞口较高的公司提供资金时索要更高的收益，这增加了公司的融资成本。因此，明确和限制募集资金使用既可以降低公司汇率风险敞口带来的额外融资成本，又可以提升募集资金的使用效率。

第四，对于监管机构而言，一方面，建议优化发行制度，缩短公司股权再融资发行的审批时间；另一方面，建议进一步扩大融资融券的名单范围，提升市场的定价效率。目前，公司进行股权再融资的审批时间相对较长，这导致投资者承担了汇率风险敞口下公司价值波动的机会成本，使投资者在股权再融资时对公司股票收取更高的折价。此外，由于中国股票缺乏做空机制，汇率风险敞口无法在日常交易中被有效计入公司的股票价格中，只能在股权再融资或债券融资时被计入融资成本中，使公司承担了因定价不正确而导致的融资成本。如果汇率风险敞口能够因交易制度改革被更加有效地计入股票的日常价格中，那么公司因汇率风险敞口而承担融资成本将相应下降。

第五，整个国家层面应当审慎推动下一步的汇率制度改革，避免激进式改革引起公司汇率风险敞口的迅速提升，从而增加公司层面的融资成本。从本书的实证结果看，"8·11汇改"后，人民币汇率的双向波动幅度大幅提升，公司层面的汇率风险敞口显著增加，这同时加大了公司层面的直接和间接融资成本。可以预见，如果人民币执行完全清洁浮动的汇率制度，公司层面的汇率风险敞口很可能将进一步增大，公司层面的各类融资成本或将进一步上升。同时，根据本书的实证结果，公司使用衍生工具管理自身汇率风险敞口的能力相对较差，且存在使用外汇衍生品的机会主义行为。因此，我国汇率制度决策部门应当审慎选择下一步的汇率制度改革时点和改革方案，避免过快推进汇率制度改革对公司的融资成本产生不利影响。

第六，我国还应积极推进人民币国际化建设，人民币成为真正的国际货币之后，公司源于贸易层面的汇率风险敞口将减少，汇率风险敞口对公司融资成本的影响将下降。汇率变动对进出口企业商品价格产生影响的原因是这类商品进出口价格不以人民币计价。以美国为例，Krugman（1986）的研究发现汇率变动不能完全在美国进口商品的价格中得到反映，即美元汇率升值和贬值不能引起美国国内物价的降低或升高。这被称为不完全的汇率价格传递。Gopinath et al.（2010）总结前人模型得出，理想状态下，当进口商品以生产者国家货币计价时（PCP），汇率变动对进口者国内价格变动的传递效应是100%；当进口商品以进口者当地货币计价时（LCP），汇率变动对进口者国内价格变动的传递效应是零。根据 Kim et al.（2013）的数据，超过97%从中国出口到美国的货物以美元计价。因此，人民币相对美元的汇率波动较难传导至美国。根据鲁晓东等（2019）使用中国企业进出口贸易的数据测算，在不考虑企业异质性的条件下，实际汇率变动10%，传导至出口国的商品价格变动仅为6.71%，超过30%的汇率波动未能体现在出口国家商品的价格上。因此，对于汇率波动带来的风险，出口企业很难传导至产业链的下游。若想顺利向境外转移出口企业的汇率风险，就必须提升人民币的国际化程度。如果人民币成为世界范围内具有影响力的国际货币，企业向境外传导自身汇率风险的能力将显著提升，公司汇率风险敞口相应降低，汇率风险敞口对公司融资成本的影响也将被削弱。

各国外汇储备中人民币的占比是衡量人民币国际化程度的重要指标。因此，探究如何改变各国外汇储备的结构是提升人民币国际化水平的关键。提升各国外汇储备的人民币占比的重要手段是向新兴市场国家提供人民币贷款或鼓励其购买以人民币计价的债券。众多文献证实了外币债务影响外币储备的作用机制。例如，Eichengreen et al.（2005）认为一个国家境外债务的货币组成决定了该国外汇储备的货币组成，这被称为货币的"原罪理论"（Original Sin）。实证上，Dooley（1989）和 Eichengreen and Mathieson（2000）使用 IMF 的保密数据发现，一国外债的组成结构将决定该国外汇储备的组成结构。McCauley and Chan（2014）和 Ito and McCauley（2020）发现，一国境外债务组成结构超过1%的变动，将引起该国货币组成结构发生1%的变动。Aizenman et al.（2020）研究发现，一国以世界前四大货币计价的境外债务变动0.04%～1%将引起该国外汇储备变动1%。因此，可以考虑向"一带一路"共建国家提供人民币贷款或鼓励它们来中国发行外国债券，进而提升人民币的国际化程度，这将降低公司贸易层面上的汇率风险敞口，减少公司的融资成本。

第七，公司的经营管理者应当重视并密切关注公司债券汇率风险敞口的时序和截面变化。随着公司国际化投资和经营的深入，公司债券融资和收入之间的货币错配现象将更加普遍和严重，应当警惕债券汇率风险敞口在未来上升的可能性。同时，公司应当考虑建立加权平均汇率风险敞口监测框架，时刻关注公司层面加权平均汇率风险敞口的变动方向和趋势。

第八，引导不同行业、不同特征的公司设计不同的外币债券汇率风险敞口的管理方案。由于不同行业的债券汇率风险敞口存在差异，例如，卫生和社会工作业，信息传输、软件和信息技术服务业和文化、体育和娱乐业的公司债券汇率风险敞口较高，应当告知这些公司及时管理自身的债券汇率风险敞口。同时，公司也要及时提升信用评级，改善财务状况，优化主动管理债券汇率风险敞口的相关方案。

参 考 文 献

［1］白云霞，严梦莹，钟宁桦．保荐代表人变更与保荐制度的有效性——基于定向增发的实证研究［J］．金融研究，2014（3）：138－151．

［2］方红星，施继坤，张广宝．产权性质、信息质量与公司债定价——来自中国资本市场的经验证据［J］．金融研究，2013（4）：170－182．

［3］管征，卞志村，范从来．增发还是配股？上市公司股权再融资方式选择研究［J］．管理世界，2008（1）：136－144．

［4］郭飞．外汇风险对冲和公司价值：基于中国跨国公司的实证研究［J］．经济研究，2012（9）：18－31．

［5］郭飞，李薇，张桂玲．衍生品复杂性影响商业银行盈余管理决策吗？［J］．国际金融研究，2019（2）：77－86．

［6］郭飞，肖浩，史永．为什么人民币汇率波动的影响不显著？——基于美的电器的案例研究［J］．管理世界，2014（10）：163－171．

［7］郭飞，游绘新，郭慧敏．为什么使用外币债务？——中国上市公司的实证证据［J］．金融研究，2018（3）：137－154．

［8］郭晔，黄振，王蕴．未预期货币政策与企业债券信用利差——基于固浮利差分解的研究［J］．金融研究，2016（6）：67－80．

［9］何诚颖，卢宗辉．沪深股市限售股制度安排及流通效应分析［J］．管理世界，2009（4）：180－181．

[10] 何平，金梦. 信用评级在中国债券市场的影响力 [J]. 金融研究，2010 (4)：15 – 28.

[11] 何青，余吉双，涂永红. 人民币与新兴市场货币的联动分析 [J]. 金融评论，2019 (5)：5 – 17.

[12] 纪志宏，曹媛媛. 信用风险溢价还是市场流动性溢价：基于中国信用债定价的实证研究 [J]. 金融研究，2017 (2)：5 – 14.

[13] 林晚发，钟辉勇，李青原. 高管任职经历的得与失？——来自债券市场的经验证据 [J]. 金融研究，2018 (6)：175 – 192.

[14] 刘青，陶攀，洪俊杰. 中国海外并购的动因研究——基于广延边际与集约边际的视角 [J]. 经济研究，2017 (1)：28 – 43.

[15] 鲁晓东，刘京军，陈芷君. 出口商如何对冲汇率风险：一个价值链整合的视角 [J]. 管理世界，2019 (5)：92 – 105.

[16] 史永东，田渊博. 契约条款影响债券价格吗？——基于中国公司债市场的经验研究 [J]. 金融研究，2016 (8)：143 – 158.

[17] 谭小芬，王雅琦，卢冰. 汇率波动、金融市场化与出口 [J]. 金融研究，2016 (3)：15 – 30.

[18] 王克敏，刘博. 公开增发业绩门槛与盈余管理 [J]. 管理世界，2012 (8)：30 – 42.

[19] 王雄元，高开娟. 如虎添翼抑或燕巢危幕：承销商，大客户与公司债发行定价 [J]. 管理世界，2017 (9)：47 – 64.

[20] 王雄元，高开娟. 客户集中度与公司债二级市场信用利差 [J]. 金融研究，2017 (1)：130 – 144.

[21] 王亚平，杨云红，毛小元. 上市公司选择股票增发的时间吗？——中国市场股权融资之谜的一种解释 [J]. 金融研究，2006 (12)：103 – 115.

[22] 王永钦，杜巨澜，王凯. 中国对外直接投资区位选择的决定因

素：制度，税负和资源禀赋［J］．经济研究，2014（12）：126 - 142.

［23］辛清泉，孔东民，郝颖．公司透明度与股价波动性［J］．金融研究，2014（10）：193 - 206.

［24］易纲．再论中国金融资产结构及政策含义［J］．经济研究，2020（3）：4 - 17.

［25］章卫东．定向增发新股与盈余管理——来自中国证券市场的经验证据［J］．管理世界，2010（1）：54 - 63.

［26］赵玉芳，余志勇，夏新平，汪宜霞．定向增发，现金分红与利益输送——来自我国上市公司的经验证据［J］．金融研究，2011（11）：153 - 166.

［27］钟宁桦，唐逸舟，王姝晶，沈吉．散户投资者如何影响债券价格？——基于交易所同一只信用债的价格差分析［J］．金融研究，2018（1）：121 - 137.

［28］朱红军，何贤杰，陈信元．定向增发"盛宴"背后的利益输送：现象，理论根源与制度成因——基于驰宏锌锗的案例研究［J］．管理世界，2008（6）：136 - 147.

［29］Aabo T , Pantzalis C and Park J C. Multinationality and Opaqueness ［J］. *Journal of Corporate Finance*, 2015, 30：65 - 84.

［30］Adler M and Dumas B. Exposure to Currency Risk：Definition and Measurement ［J］. *Financial management*, 1984, 13（2）：41 - 50.

［31］Aghion P, Bacchetta P, and Banerjee A. Currency Crises and Monetary Policy in An Economy with Credit Constraints ［J］. *European Economic Review*, 2001, 45（7）：1121 - 1150.

［32］Aguiar M. Investment, Devaluation, and Foreign Currency Exposure：The Case of Mexico ［J］. *Journal of Development Economics*, 2005, 78（1）：95 - 113.

[33] Ahnert T, Forbes K, Friedrich C, and Reinhardt. Macroprudential FX Regulations: Shifting the Snowbanks of FX Vulnerability? [J] . *Journal of Financial Economics*, 2021, 140 (1): 145 – 174.

[34] Aizenman J, Cheung Y and Qian X. The Currency Composition of International Reserves, Demand for International Reserves, and Global Safe Assets [J] . *Journal of International Money and Finance*, 2020, 102, 102120.

[35] Akerlof G A. The Market for "Lemons": Quality Uncertainty and the Market Mechanism [J] . *The Quarterly Journal of Economics*, 1970, 84 (3): 488 – 500.

[36] Allayannis G , Ihrig J and Weston J P. Exchange – rate Hedging: Financial versus Operational Strategies [J] . *American Economic Review*, 2001, 91 (2): 391 – 395.

[37] Allayannis G and Ofek E. Exchange Rate Exposure, Hedging, and the Use of Foreign Currency Derivatives [J] . *Journal of International Money and Finance*, 2001, 20 (2): 273 – 296.

[38] Allayannis G and Ihrig J. Exposure and Markups [J] . *The Review of Financial Studies*, 2001, 14 (3): 805 – 835.

[39] Allen F , Qian J, Zhang C and Zhao M. China's Financial System: Opportunities and Challenges [M] . University of Chicago Press, 2012.

[40] Alfaro L, Asis G, Chari A, and Panizza U. Corporate Debt, Firm Size and Financial Fragility in Emerging Markets [J] . *Journal of International Economics*, 2019, 118: 1 – 19.

[41] Altinkilic O and Hansen R S. Discounting and Underpricing in Seasoned Equity Offers [J] . *Journal of Financial Economics*, 2003, 69 (2): 285 – 323.

[42] Andreasen M M, Engsted T, Møller S V and Sander M. The Yield

Spread and Bond Return Predictability in Expansions and Recessions ［J］. *The Review of Financial Studies*, 2021, 34 (6): 2773 – 2812.

［43］ Ang A , Bai J and Zhou H. The Great Wall of Debt: Real Estate, Political Risk, and Chinese Local Government Financing Cost ［R］. *Working Paper*, 2018.

［44］ Ang A , Hodrick R J, Xing Y and Zhang X. High Idiosyncratic Volatility and Low Returns: International and Further US Evidence ［J］. *Journal of Financial Economics*, 2009, 91 (1): 1 – 23.

［45］ Arteta C, and Hale G. Sovereign Debt Crises and Credit to the Private Sector ［J］. *Journal of International Economics*, 2008, 74 (1): 53 – 69.

［46］ Ashraf B N and Shen Y. Economic Policy Uncertainty and Banks' Loan Pricing ［J］. *Journal of Financial Stability*, 2019, 44, 100695.

［47］ Autore D M. Does Rule 10b – 21 Increase SEO Discounting? ［J］. *Journal of Financial Intermediation*, 2011, 20 (2): 231 – 247.

［48］ Autore D and Kovacs T. Investor Recognition and Seasoned Equity Offers ［J］. *Journal of Corporate Finance*, 2014, 25. 216 – 233.

［49］ Azizpour S , Giesecke K and Schwenkler G. Exploring the Sources of Default Clustering ［J］. *Journal of Financial Economics*, 2018, 129 (1): 154 – 183.

［50］ Bae K , Baek J, Kang J and Liu W. Do Controlling Shareholders' Expropriation Incentives Imply a Link between Corporate Governance and Firm Value? Theory and Evidence ［J］. *Journal of Financial Economics*, 2012, 105 (2): 412 – 435.

［51］ Bali T G , Brown S J and Tang Y. Is Economic Uncertainty Priced in the Cross – Section of Stock Returns? ［J］. *Journal of Financial Economics*, 2017, 126 (3): 471 – 489.

[52] Bacchetta P, Cordonier R, and Merrouche O. The Rise in Foreign Currency Bonds: The Role of US Monetary Policy and Capital Controls [J] . *Journal of International Economics*, 2023, 140, 103709.

[53] Barth M E, Landsman W R and Taylor D J. The JOBS Act and Information Uncertainty in IPO Firms [J] . *The Accounting Review*, 2017, 92 (6): 25 –47.

[54] Bartov E and Bodnar G M. Firm Valuation, Earnings Expectations, and the Exchange – Rate Exposure Effect [J] . *The Journal of Finance*, 1994, 49 (5): 1755 –1785.

[55] Bartram S M. Linear and Nonlinear Foreign Exchange Rate Exposures of German Nonfinancial Corporations [J] . *Journal of International Money and Finance*, 2004, 23 (4): 673 –699.

[56] Bartram S M , Brown G W and Minton B A. Resolving the Exposure Puzzle: the Many Facets of Exchange Rate Exposure [J] . *Journal of Financial Economics*, 2010, 95 (2): 148 –173.

[57] Beatty A , Petacchi R and Zhang H. Hedge Commitments and Agency Costs of Debt: Evidence from Interest Rate Protection Covenants and Accounting Conservatism [J] . *Review of Accounting Studies*, 2012, 17 (3): 700 –738.

[58] Benavente J M, Johnson C A, and Morande F G. Debt Composition and Balance Sheet Effects of Exchange Rate Depreciations: A Firm – Level Analysis for Chile [J] . *Emerging Markets Review*, 2003, 4 (4): 397 –416.

[59] Bernoth K, and Herwartz H. Exchange Rates, Foreign Currency Exposure and Sovereign Risk [J] . *Journal of International Money and Finance*, 2021, 117, 102454.

[60] Bharath S T and Shumway T. Forecasting Default with the Merton Distance to Default Model [J] . *The Review of Financial Studies*, 2008, 21 (3):

1339 - 1369.

［61］ Biddle G C , Hilary G and Verdi R S. How Does Financial Reporting Quality Relate to Investment Efficiency? ［J］ . *Journal of Accounting and Economics*, 2009, 48 （2 - 3）: 112 - 131.

［62］ Blouin J L , Krull L K and Robinson L A. Is US Multinational Dividend Repatriation Policy Influenced by Reporting Incentives? ［J］ . *The Accounting Review*, 2012, 87 （5）: 1463 - 1491.

［63］ Bo H , Huang Z and Wang C. Understanding Seasoned Equity Offerings of Chinese Firms ［J］ . *Journal of Banking & Finance*, 2011, 35 （5）: 1143 - 1157.

［64］ Bodnar G M and Wong M F. Estimating Exchange Rate Exposures: Issues in Model Structure ［J］ . *Financial management*, 2003, 32: 35 - 67.

［65］ Bolton P and Freixas X. Equity, Bonds, and Bank Debt: Capital Structure and Financial Market Equilibrium Under Asymmetric Information ［J］ . *Journal of Political Economy*, 2000, 108 （2）: 324 - 351.

［66］ Boone A L , Field L C, Karpoff J M and Raheja C G. The Determinants of Corporate Board Size and Composition: An Empirical Analysis ［J］ . *Journal of Financial Economics*, 2007, 85 （1）: 66 - 101.

［67］ Bonomo M, Martins B, and Pinto R. Debt Composition and Exchange Rate Balance Sheet Effect in Brazil: A Firm Level Analysis ［J］ . *Emerging Markets Review*, 2003, 4 （4）: 368 - 396.

［68］ Borisova G , Fotak V, Holland K and Megginson W L. Government Ownership and the Cost of Debt: Evidence from Government Investments in Publicly Traded Firms ［J］ . *Journal of Financial Economics*, 2015, 118 （1）: 168 - 191.

［69］ Bordo M D, Meissner C M, and Stuckler D. Foreign Currency Debt,

Financial Crises and Economic Growth: A Long – Run View [J] . *Journal of International Money and Finance*, 2010, 29 (4): 642 –665.

[70] Boubakri N and Ghouma H. Control Ownership Structure, Creditor Rights Protection, and the Cost of Debt Financing: International Evidence [J] . *Journal of Banking & Finance*, 2010, 34 (10): 2481 –2499.

[71] Boudt K , Liu F and Sercu P. Exporters' Exposures to Currencies: Beyond the Loglinear Model [J] . *Review of Finance*, 2016, 20 (4): 1631 – 1657.

[72] Bradley D , Pantzalis C and Yuan X. Policy Risk, Corporate Political Strategies, and the Cost of Debt [J] . *Journal of Corporate Finance*, 2016, 40: 254 –275.

[73] Bradley M and Roberts M R. The Structure and Pricing of Corporate Debt Covenants [J] . *The Quarterly Journal of Finance*, 2015, 5 (2): 1550001.

[74] Brei M, and Charpe M. Currency Depreciations, Financial Trans-fers, and Firm Heterogeneity [J] . *Emerging Markets Review*, 2012, 13 (1): 26 –41.

[75] Brown G W. Managing Foreign Exchange Risk with Derivatives [J] . *Journal of Financial Economics*, 2001, 60 (2 –3): 401 –448.

[76] Brown M, Ongena S, and Yeşin P. Foreign Currency Borrowing by Small Firms in the Transition Economies [J] . *Journal of Financial Intermedia-tion*, 2011, 20 (3): 285 –302.

[77] Buraschi A , Trojani F and Vedolin A. Economic Uncertainty, Disa-greement, and Credit Markets [J] . *Management Science*, 2014, 60 (5): 1281 –1296.

[78] Byun H , Choi S, Hwang L and Kim R G. Business Group Affilia-

tion, Ownership Structure, and the Cost of Debt [J] . *Journal of Corporate Finance*, 2013, 23: 311 –331.

[79] Caballero J. Corporate Dollar Debt and Depreciations: All's Well That Ends Well? [J] . *Journal of Banking & Finance*, 2021, 130, 106185.

[80] Cai N , Helwege J and Warga A. Underpricing in the Corporate Bond Market [J] . *The Review of Financial Studies*, 2007, 20 (6): 2021 –2046.

[81] Calomiris C W, Larrain M, Schmukler S L, and Williams T. Large International Corporate Bonds: Investor Behavior and Firm Responses [J] . *Journal of International Economics*, 2022, 137, 103624.

[82] Carranza L J, Cayo J M, and Galdón – Sánchez J E. Exchange Rate Volatility and Economic Performance in Peru: A Firm Level Analysis [J] . *Emerging Markets Review*, 2003, 4 (4): 472 –496.

[83] Carranza L, Galdon – Sanchez J E, and Gomez – Biscarri J. The Relationship between Investment and Large Exchange Rate Depreciations in Dollarized Economies [J] . *Journal of International Money and Finance*, 2011, 30 (7): 1265 –1279.

[84] Cassar G , Ittner C D and Cavalluzzo K S. Alternative Information Sources and Information Asymmetry Reduction: Evidence from Small Business Debt [J] . *Journal of Accounting and Economics*, 2015, 59 (2 – 3): 242 –263.

[85] Chaieb I and Mazzotta S. Unconditional and Conditional Exchange Rate Exposure [J] . *Journal of International Money and Finance*, 2013, 32: 781 –808.

[86] Chakravarty S and Rutherford L G. Do Busy Directors Influence the Cost of Debt? An Examination through the Lens of Takeover Vulnerability [J] . *Journal of Corporate Finance*, 2017, 43: 429 –443.

[87] Chan K and Chan Y. Price Informativeness and Stock Return Synchronicity: Evidence from the Pricing of Seasoned Equity Offerings [J]. *Journal of Financial Economics*, 2014, 114 (1): 36 – 53.

[88] Chan Y , Saffar W and Wei K J. How Economic Policy Uncertainty Affects the Cost of Raising Equity Capital: Evidence from Seasoned Equity Offerings [J]. *Journal of Financial Stability*, 2021, 53, 100841.

[89] Chang E C , Luo Y and Ren J. Short – selling, Margin – trading, and Price Efficiency: Evidence from the Chinese Market [J]. *Journal of Banking & Finance*, 2014, 48: 411 – 424.

[90] Chemmanur T J and Tian X. Communicating Private Information to the Equity Market before A Dividend Cut: An Empirical Analysis [J]. *Journal of Financial and Quantitative Analysis*, 2014, 49 (5 – 6): 1167 – 1199.

[91] Chen C , Hepfer B F, Quinn P J and Wilson R J. The Effect of Tax – Motivated Income Shifting on Information Asymmetry [J]. *Review of Accounting Studies*, 2018, 23 (3): 958 – 1004.

[92] Chen L H , Dyl E A, Jiang G J and Juneja J A. Risk, Illiquidity or Marketability: What Matters for the Discounts on Private Equity Placements? [J]. *Journal of Banking & Finance*, 2015, 57: 41 – 50.

[93] Chen Y and Qin N. The Behavior of Investor Flows in Corporate Bond Mutual Funds [J]. *Management Science*, 2017, 63 (5): 1365 – 1381.

[94] Chen Z , He Z and Liu C. The Financing of Local Government in China: Stimulus Loan Wanes and Shadow Banking Waxes [J]. *Journal of Financial Economics*, 2020, 137 (1): 42 – 71.

[95] Cheung Y , Rau P R, Stouraitis A and Tan W. Does the Market Understand the Ex – ante Risk of Expropriation by Controlling Shareholders? [J]. *Journal of Corporate Finance*, 2021, 68, 101946.

[96] Chiu J and Molico M. Uncertainty, Inflation, and Welfare [J] . *Journal of Money, Credit and Banking*, 2011, 43: 487 – 512.

[97] Choi J J and Jiang C. Does Multinationality Matter? Implications of Operational Hedging for the Exchange Risk Exposure [J] . *Journal of Banking & Finance*, 2009, 33 (11): 1973 – 1982.

[98] Chordia T , et al. Are Capital Market Anomalies Common to Equity and Corporate Bond Markets? An Empirical Investigation [J] . *Journal of Financial and Quantitative Analysis*, 2017, 52 (4): 1301 – 1342.

[99] Chow E H, Lee W Y, and Solt M E. The Exchange – rate Risk Exposure of Asset Returns [J] . *Journal of Business*, 1997, 70 (1): 105 – 123.

[100] Chu Y. Shareholder – creditor Conflict and Payout Policy: Evidence from Mergers between Lenders and Shareholders [J] . *The Review of Financial Studies*, 2018, 31 (8): 3098 – 3121.

[101] Chu Y. Shareholder Litigation, Shareholder – Creditor Conflict, and the Cost of Bank Loans [J] . *Journal of Corporate Finance*, 2017, 45: 318 – 332.

[102] Claessens S , Djankov S, Fan J P and Lang L H. Disentangling the Incentive and Entrenchment Effects of Large Shareholdings [J] . *The Journal of Finance*, 2002, 57 (6): 2741 – 2771.

[103] Cohen D A and Zarowin P. Accrual – based and Real Earnings Management Activities Around Seasoned Equity Offerings [J] . *Journal of Accounting and Economics*, 2010, 50 (1): 2 – 19.

[104] Corwin S A. The Determinants of Underpricing for Seasoned Equity Offers [J] . *The Journal of Finance*, 2003, 58 (5): 2249 – 2279.

[105] Cravino J and Levchenko A A. Multinational Firms and International Business Cycle Transmission [J] . *The Quarterly Journal of Economics*, 2017,

132 (2): 921 –962.

[106] De Mello L R, and Hussein K. Is Foreign Debt Portfolio Management Efficient in Emerging Economies? [J]. *Journal of Development Economic*, 2001, 66 (1).

[107] DeMarzo P M and Duffie D. Corporate Incentives for Hedging and Hedge Accounting [J]. *The Review of Financial Studies*, 1995, 8 (3): 743 –771.

[108] Demirkılıç S. Balance Sheet Effects of Foreign Currency Debt and REAL EXChange Rate on Corporate Investment: Evidence from Turkey [J]. *Emerging Markets Review*, 2021, 47, 100796.

[109] Deng Z. Foreign Exchange Risk, Hedging, and Tax - Motivated Outbound Income Shifting [J]. *Journal of Accounting Research*, 2020, 58 (4): 953 –987.

[110] Derrien F, Kecskés A and Mansi S A. Information Asymmetry, the Cost of Debt, and Credit Events: Evidence from Quasi – random Analyst Disappearances [J]. *Journal of Corporate Finance*, 2016, 39: 295 –311.

[111] Deshmukh S D, Greenbaum S I and Kanatas G. Interest Rate Uncertainty and the Financial Intermediary's Choice of Exposure [J]. *The Journal of Finance*, 1983, 38 (1): 141 –147.

[112] Deshmukh S, Gamble K J and Howe K M. Informed Short Selling Around SEO Announcements [J]. *Journal of Corporate Finance*, 2017, 46: 121 –138.

[113] Diamond D W and Verrecchia R E. Constraints on Short – selling and Asset Price Adjustment to Private Information [J]. *Journal of Financial Economics*, 1987, 18 (2): 277 –311.

[114] Disatnik D, Duchin R and Schmidt B. Cash Flow Hedging and Liq-

uidity Choices [J] . *Review of Finance*, 2013, 18 (2): 715 – 748.

[115] Dittmar A , Duchin R and Zhang S. The Timing and Consequences of Seasoned Equity Offerings: A Regression Discontinuity Approach [J] . *Journal of Financial Economics*, 2020, 138 (1): 254 – 276.

[116] Doidge C , Griffin J and Williamson R. Measuring the Economic Importance of Exchange Rate Exposure [J] . *Journal of Empirical Finance*, 2006, 13 (4 – 5): 550 – 576.

[117] Dominguez K M and Tesar L L. Exchange Rate Exposure [J] . *Journal of International Economics*, 2006, 68 (1): 188 – 218.

[118] Dooley M P , Lizondo J S and Mathieson D J. The Currency Composition of Foreign Exchange Reserves [R] . *IMF Staff Papers*, 1989, 36 (2): 385 – 434.

[119] Drobetz W , El Ghoul S, O. Guedhami and M. Janzen. Policy Uncertainty, Investment, and the Cost of Capital [J] . *Journal of Financial Stability*, 2018, 39: 28 – 45.

[120] Duffie D and Singleton K J. Modeling Term Structures of Defaultable Bonds [J] . *The Review of Financial Studies*, 1999, 12 (4): 687 – 720.

[121] Dyreng S D , Hanlon M and Maydew E L. Where Do Firms Manage Earnings? [J] . *Review of Accounting Studies*, 2012, 17 (3): 649 – 687.

[122] Echeverry J C, Fergusson L, Steiner R, and Aguilar C. "Dollar" Debt in Colombian Firms: Are Sinners Punished During Devaluations? [J] . *Emerging Markets Review*, 2003, 4 (4): 417 – 449.

[123] Ederington L H. The Yield Spread on New Issues of Corporate Bonds [J] . *The Journal of Finance*, 1974, 29 (5): 1531 – 1543.

[124] Eichengreen B , Hausmann R and Panizza U. The Pain of Original Sin [M] //Eichengreen B, Hausmann R. *Other people's Money: Debt Denomi-*

nation and Financial Instability in Emerging Market Economies University of Chicago Press, 2005: 13 – 47.

[125] Eichengreen B and Mathieson D J. The Currency Composition of Foreign Exchange Reserves: Retrospect and Prospect [R]. *IMF Working Paper*, 2000.

[126] Eichholtz P , Holtermans R, Kok N and Yönder E. Environmental Performance and the Cost of Debt: Evidence from Commercial Mortgages and REIT Bonds [J]. *Journal of Banking & Finance*, 2019, 102: 19 – 32.

[127] Eisdorfer A. Empirical Evidence of Risk Shifting in Financially Distressed Firms [J]. *The Journal of Finance*, 2008, 63 (2): 609 – 637.

[128] Ellul A and Panayides M. Do Financial Analysts Restrain Insiders' Informational Advantage? [J]. *Journal of Financial and Quantitative Analysis*, 2018, 53 (1): 203 – 241.

[129] Endrész M, and Harasztosi P. Corporate Foreign Currency Borrowing and Investment: The Case of Hungary [J]. *Emerging Markets Review*, 2014, 21: 265 – 287.

[130] Ericsson, J. Asset Substitution, Debt Pricing, Optimal Leverage and Maturity [R]. *Working Paper*, 2000.

[131] Ertugrul M , Lei J, Qiu J and Wan C. Annual Report Readability, Tone Ambiguity, and the Cost of Borrowing [J]. *Journal of Financial and Quantitative Analysis*, 2017, 52 (2): 811 – 836.

[132] Fauver L , Loureiro G and Taboada A G. The Impact of Regulation on Information Quality and Performance Around Seasoned Equity Offerings: International Evidence [J]. *Journal of Corporate Finance*, 2017, 44: 73 – 98.

[133] Feng Z , Chen C R and Tseng Y. Do Capital Markets Value Corporate Social Responsibility? Evidence from Seasoned Equity Offerings [J]. *Jour-

nal of Banking & Finance, 2018, 94: 54 – 74.

［134］ Fillat J L and Garetto S. Risk, Returns, and Multinational Produc-tion ［J］. *The Quarterly Journal of Economics*, 2015, 130 (4): 2027 – 2073.

［135］ Francis B B, Hasan I, Hunter D M and Zhu Y. Do Managerial Risk – taking Incentives Influence Firms' Exchange Rate Exposure? ［J］. *Jour-nal of Corporate Finance*, 2017, 46: 154 – 169.

［136］ Francis B B and Hunter D M. Exchange Rate Exposure and the Cost of Debt: Evidence from Bank Loans ［R］. *Working Paper*, 2012.

［137］ Fried J M and Spamann H. Cheap – stock Tunneling around Preemp-tive Rights ［J］. *Journal of Financial Economics*, 2020, 137 (2): 353 – 370.

［138］ Friewald N and Nagler F. Over – the – counter Market Frictions and Yield Spread Changes ［J］. *The Journal of Finance*, 2019, 74 (6): 3217 – 3257.

［139］ Gao H, et al. Media Coverage and the Cost of Debt ［J］. *Journal of Financial and Quantitative Analysis*, 2020, 55 (2): 429 – 471.

［140］ Galiani S, Yeyati E L, and Schargrodsky E. Financial Dollarization and Debt Deflation Under a Currency Board ［J］. *Emerging Markets Review*, 2003, 4 (4): 340 – 367.

［141］ Galindo A, Izquierdo A, and Montero J M. Real Exchange Rates, Dollarization and Industrial Employment in Latin America ［J］. *Emerging Mar-kets Review*, 2007, 8 (4): 284 – 298.

［142］ Galindo A, Panizza U, and Schiantarelli F. Debt Composition and Balance Sheet Effects of Currency Depreciation: a Summary of the Micro Evi-dence ［J］. *Emerging Markets Review*, 2003, 4 (4): 330 – 339.

［143］ Gatopoulos G, and Loubergé H. Combined Use of Foreign Debt and Currency Derivatives Under the Threat of Currency Crises: the Case of Latin American Firms [J]. *Journal of International Money and Finance*, 2013, 35: 54 – 75.

[144] Ge W, Kim J, Li T and Li Y. Offshore Operations and Bank Loan Contracting: Evidence from Firms that Set Up Subsidiaries in Offshore Financial Centers [J]. *Journal of Corporate Finance*, 2016, 37: 335 – 355.

[145] Ghosh S. Did Financial Liberalization Ease Financing Constraints? Evidence from Indian Firm – Level Data [J]. *Emerging Markets Review*, 2006, 7 (2): 176 – 190.

[146] Giesecke K, Longstaff F A, Schaefer S and Strebulaev I. Corporate Bond Default Risk: A 150 – year Perspective [J]. *Journal of Financial Economics*, 2011, 102 (2): 233 – 250.

[147] Gong G, Xu S and Gong X. On the Value of Corporate Social Responsibility Disclosure: An Empirical Investigation of Corporate Bond Issues in China [J]. *Journal of Business Ethics*, 2018, 150 (1): 227 – 258.

[148] Goodman T H, Neamtiu M, Shroff N and White H D. Management Forecast Quality and Capital Investment Decisions [J]. *The Accounting Review*, 2014, 89 (1): 331 – 365.

[149] Gopinath G, Itskhoki O and Rigobon R. Currency Choice and Exchange Rate Pass – through [J]. *American Economic Review*, 2010, 100 (1): 304 – 336.

[150] Goswami G and Shrikhande M M. Economic Exposure and Debt Financing Choice [J]. *Journal of Multinational Financial Management*, 2001, 11 (1): 39 – 58.

[151] Gozzi J C, Levine R, and Peria M S M, et al. How Firms Use Corporate Bond Markets Under Financial Globalization [J]. *Journal of Banking & Finance*, 2015, 58: 532 – 551.

［152］ Green R C and Talmor E. Asset Substitution and the Agency Costs of Debt Financing ［J］. *Journal of Banking & Finance*, 1986, 10 （3）: 391 – 399.

［153］ Güntay L and Hackbarth D. Corporate Bond Credit Spreads and Forecast Dispersion ［J］. *Journal of Banking & Finance*, 2010, 34 （10）: 2328 – 2345.

［154］ Gutierrez B, Ivashina V, and Salomao J. Why Is Dollar Debt Cheaper? Evidence From Peru ［J］. *Journal of Financial Economics*, 2023, 148 （3）: 245 – 272.

［155］ Gustafson M T. Price Pressure and Overnight Seasoned Equity Offerings ［J］. *Journal of Financial and Quantitative Analysis*, 2018, 53 （2）: 837 – 866.

［156］ Hale G, and Arteta C. Currency Crises and Foreign Credit in Emerging Markets: Credit Crunch or Demand Effect? ［J］. *European Economic Review*, 2009, 53 （7）: 758 – 774.

［157］ Harasztosi P, and Kátay G. Currency Matching by Non – Financial Corporations ［J］. *Journal of Banking & Finance*, 2020, 113, 105739.

［158］ Hardy B. Foreign Currency Borrowing, Balance Sheet Shocks and Real Outcomes Balance Sheet Shocks and Real Outcomes ［R］. *BIS Working Paper*, 2018 （758）.

［159］ Han S and Zhou X. Informed Bond Trading, Corporate Yield Spreads, and Corporate Default Prediction ［J］. *Management Science*, 2014, 60 （3）: 675 – 694.

［160］ Harris M and Raviv A. The Theory of Capital Structure ［J］. *The Journal of Finance*, 1991, 46 （1）: 297 – 355.

［161］ He J and Ng L K. The Foreign Exchange Exposure of Japanese Mul-

tinational Corporations [J]. *The Journal of Finance*, 1998, 53 (2):
733 – 753.

[162] He Q, Liu J and Zhang C. Exchange Rate Exposure and Its Determinants in China [J]. *China Economic Review*, 2021a: 65101579.

[163] He Q, Liu J and Zhang C. Exchange Rate Exposure and International Competition: Evidence from Chinese Industries [J]. *Journal of Contemporary China*, 2021b, 30 (131): 1 – 21.

[164] Healy P M and Palepu K G. Information Asymmetry, Corporate Disclosure, and the Capital Markets: A Review of the Empirical Disclosure Literature [J]. *Journal of Accounting and Economics*, 2001, 31 (1 – 3): 405 – 440.

[165] Heckman J J. Sample Selection Bias as a Specification Error [J]. *Econometrica: Journal of the Econometric Society*, 1979, 47 (1): 153 – 161.

[166] Hekman C R. A Financial Model of Foreign Exchange Exposure [J]. *Journal of International Business Studies*, 1985, 16 (2): 83 – 99.

[167] Henry T R and Koski J L. Short Selling Around Seasoned Equity Offerings [J]. *The Review of Financial Studies*, 2010, 23 (12): 4389 – 4418.

[168] Ho E H C, and Law K. Challenges in Promoting Local Currency Corporate Bonds in Asia: Evidence from International Business Relationships [J]. *Journal of International Money and Finance*, 2023, 138, 102942.

[169] Hoberg G and Moon S K. Offshore Activities and Financial VS Operational Hedging [J]. *Journal of Financial Economics*, 2017, 125 (2): 217 – 244.

[170] Hodder J E. Exposure to Exchange – Rate Movements [J]. *Journal of International Economics*, 1982, 13 (3 – 4): 375 – 386.

[171] Holderness C G. Equity Issuances and Agency Costs: The Telling

Story of Shareholder Approval around the World [J]. *Journal of Financial Economics*, 2018, 129 (3): 415 –439.

[172] Holderness C G and Pontiff J. Shareholder Nonparticipation in Valuable Rights Offerings: New Findings for an Old Puzzle [J]. *Journal of Financial Economics*, 2016, 120 (2): 252 –268.

[173] Hollander H and Liu G. Credit Spread Variability in the US Business Cycle: The Great Moderation Versus the Great Recession [J]. *Journal of Banking & Finance*, 2016, 67: 37 –52.

[174] Hovakimian A and Hu H. Anchoring on Historical High Prices and Seasoned Equity Offerings [J]. *Journal of Financial and Quantitative Analysis*, 2020, 55 (8): 2588 –2612.

[175] Hsu P, Taylor M P, and Wang Z, et al. Currency Volatility and Global Technological Innovation [J]. *Journal of International Economics*, 2022, 137, 103607.

[176] Hu X , Huang H, Pan Z and Shi J. Information Asymmetry and Credit Rating: A Quasi – Natural Experiment from China [J]. *Journal of Banking & Finance*, 2019, 106: 132 –152.

[177] Huang A H , Zang A Y and Zheng R. Evidence on the Information Content of Text in Analyst Reports [J]. *The Accounting Review*, 2014, 89 (6): 2151 –2180.

[178] Huang K and Petkevich A. Corporate Bond Pricing and Ownership Heterogeneity [J]. *Journal of Corporate Finance*, 2016, 36: 54 –74.

[179] Huang R and Zhang D. Managing Underwriters and the Marketing of Seasoned Equity Offerings [J]. *Journal of Financial and Quantitative Analysis*, 2011, 46 (1): 141 –170.

[180] Huang Y , Uchida K and Zha D. Market Timing of Seasoned Equity

Offerings with Long Regulative Process ［J］. *Journal of Corporate Finance*, 2016, 39: 278 – 294.

［181］ Huizinga J. Inflation Uncertainty, Relative Price Uncertainty, and Investment in US Manufacturing ［J］. *Journal of Money, Credit and Banking*, 1993, 25 (3): 521 – 549.

［182］ Hutson E and Laing E. Foreign Exchange Exposure and Multinationality ［J］. *Journal of Banking & Finance*, 2014, 43: 97 – 113.

［183］ Istrefi K and Mouabbi S. Subjective Interest Rate Uncertainty and the Macroeconomy: A Cross – country Analysis ［J］. *Journal of International Money and Finance*, 2018, 88: 296 – 313.

［184］ Ito H and McCauley R N. Currency Composition of Foreign Exchange Reserves ［J］. *Journal of International Money and Finance*, 2020, 102102104.

［185］ Ivashina V. Asymmetric Information Effects on Loan Spreads ［J］. *Journal of Financial Economics*, 2009, 92 (2): 300 – 319.

［186］ Jensen M C and Meckling W H. Theory of the Firm: Managerial Behavior, Agency Costs and Ownership Structure ［J］. *Journal of Financial Economics*, 1976, 3 (4): 305 – 360.

［187］ Jiang F , Cai W, Wang X and Zhu B. Multiple Large Shareholders and Corporate Investment: Evidence from China ［J］. *Journal of Corporate Finance*, 2018, 50: 66 – 83.

［188］ Jiang G , Lee C M and Yue H. Tunneling through Intercorporate Loans: the China Experience ［J］. *Journal of Financial Economics*, 2010, 98 (1): 1 – 20.

［189］ Jorion P. The Exchange – rate Exposure of US Multinationals ［J］. *Journal of Business*, 1990, 63 (3): 331 – 345.

［190］ Júnior J L R. Understanding Brazilian Companies' Foreign Exchange

Exposure [J]. *Emerging Markets Review*, 2012, 13 (3): 352 - 365.

[191] Kang J, Lee I and Na H S. Economic Shock, Owner - manager Incentives, and Corporate Restructuring: Evidence from the Financial Crisis in Korea [J]. *Journal of Corporate Finance*, 2010, 16 (3): 333 - 351.

[192] Kang S, Kim E H and Lu Y. Does Independent Directors' CEO Experience Matter? [J]. *Review of Finance*, 2018, 22 (3): 905 - 949.

[193] Kaplan S N and Zingales L. Do Investment - cash Flow Sensitivities Provide Useful Measures of Financing Constraints? [J]. *The Quarterly Journal of Economics*, 1997, 112 (1): 169 - 215.

[194] Kerr J N and Ozel N B. Earnings Announcements, Information Asymmetry, and Timing of Debt Offerings [J]. *The Accounting Review*, 2015, 90 (6): 2375 - 2410.

[195] Kim J, Lu L Y and Yu Y. Analyst Coverage and Expected Crash Risk: Evidence from Exogenous Changes in Analyst Coverage [J]. *The Accounting Review*, 2019, 94 (4): 345 - 364.

[196] Kim M, Nam D, Wang J and Wu J. International Trade Price Stickiness and Exchange Rate Pass - through in Micro Data: A Case Study on US - China Trade [R]. *Federal Reserve Bank of Dallas Globalization and Monetary Policy Institute Working Paper* No. 135, 2013.

[197] Kim M, Mano R C, and Mrkaic M. Do FX Interventions Lead to Higher FX Debt? Evidence from Firm - level Data [J]. *Journal of International Money and Finance*, 2024, 148, 103160.

[198] Kim Y S, Mathur I and Nam J. Is Operational Hedging a Substitute for or a Complement to Financial Hedging? [J]. *Journal of Corporate Finance*, 2006, 12 (4): 834 - 853.

[199] Knight F H. Risk, Uncertainty and Profit [M]. Boston: Hough-

ton Mifflin, 1921.

[200] Kohn D, Leibovici F, and Szkup M. Financial Frictions and Export Dynamics in Large Devaluations [J] . *Journal of International Economics*, 2020, 122, 103257.

[201] Kothari S P , Mizik N and Roychowdhury S. Managing for the Moment: the Role of Earnings Management Via Real Activities Versus Accruals in SEO Valuation [J] . *The Accounting Review*, 2016, 91 (2): 559 –586.

[202] Koutmos G and Martin A D. Asymmetric Exchange Rate Exposure: Theory and Evidence [J] . *Journal of International Money and Finance*, 2003, 22 (3): 365 –383.

[203] Krapl A A. The Time –varying Diversifiability of Corporate Foreign Exchange Exposure [J] . *Journal of Corporate Finance*, 2020, 65: 101506.

[204] Krugman P. Pricing to Market When the Exchange Rate Changes [R] . *NBER Working Paper*, 1986.

[205] La Porta R , Lopez – De – Silanes F and Shleifer A. Corporate Ownership Around the World [J] . *The Journal of Finance*, 1999, 54 (2): 471 – 517.

[206] La Porta R , Lopez – De – Silanes F, Shleifer A and Vishny R. Investor Protection and Corporate Governance [J] . *Journal of Financial Economics*, 2000, 58 (1 –2): 3 –27.

[207] Larrain B and Urzúa F. Controlling Shareholders and Market Timing in Share Issuance [J] . *Journal of Financial Economics*, 2013, 109 (3): 661 –681.

[208] Lee G and Masulis R W. Seasoned Equity Offerings: Quality of Accounting Information and Expected Flotation Costs [J] . *Journal of Financial Economics*, 2009, 92 (3): 443 –469.

[209] Lee S J, Liu L Q, and Stebunovs V. Risk – taking Spillovers of US Monetary Policy in the Global Market for US Dollar Corporate Loans [J]. *Journal of Banking & Finance*, 2022, 138, 105550.

[210] Lemmon M L and Lins K V. Ownership Structure, Corporate Governance, and Firm Value: Evidence from the East Asian Financial Crisis [J]. *The Journal of Finance*, 2003, 58 (4): 1445 – 1468.

[211] Levis M, Meoli M and Migliorati K. The Rise of UK Seasoned Equity Offerings (SEOs) Fees during the Financial Crisis: the Role of Institutional Shareholders and Underwriters [J]. *Journal of Banking & Finance*, 2014, 48, 13 – 28.

[212] Li H, Ma H and Xu Y. How Do Exchange Rate Movements Affect Chinese Exports? —A Firm – Level Investigation [J]. *Journal of International Economics*, 2015, 97 (1): 148 – 161.

[213] Li X, Lin C and Zhan X. Does Change in the Information Environment Affect Financing Choices? [J]. *Management Science*, 2019, 65 (12): 5676 – 5696.

[214] Liao H, Chen T and Lu C. Bank Credit Risk and Structural Credit Models: Agency and Information Asymmetry Perspectives [J]. *Journal of Banking & Finance*, 2009, 33 (8): 1520 – 1530.

[215] Lin C, Tsai W and Hasan I. Private Benefits of Control and Bank Loan Contracts [J]. *Journal of Corporate Finance*, 2018, 49: 324 – 343.

[216] Lin C, Ma Y, Malatesta P and Xuan Y. Ownership Structure and the Cost of Corporate Borrowing [J]. *Journal of Financial Economics*, 2011, 100 (1): 1 – 23.

[217] Luca A, and I. Petrova. What Drives Credit Dollarization in Transition Economies? [J]. *Journal of Banking & Finance*, 2008, 32 (5):

858 – 869.

［218］ Lu C , Chen T and Liao H. Information Uncertainty, Information Asymmetry and Corporate Bond Yield Spreads ［J］ . *Journal of Banking & Finance*, 2010, 34 （9）: 2265 – 2279.

［219］ Mamonov M, Parmeter C F , and Prokhorov A B. Bank Cost Efficiency and Credit Market Structure under a Volatile Exchange Rate ［J］ . *Journal of Banking & Finance*, 2024, 168, 107285.

［220］ Mansi S A , Maxwell W F and Miller D P. Analyst Forecast Characteristics and the Cost of Debt ［J］ . *Review of Accounting Studies*, 2011, 16 （1）: 116 – 142.

［221］ Marcelin I, and Mathur I. Financial Sector Development and Dollarization in Emerging Economies ［J］ . International Review of Financial Analysis, 2016, 46: 20 – 32.

［222］ Marques T A, De Sousa Ribeiro K C, and Barboza F. Corporate Governance and Debt Securities Issued in Brazil and India: A Multi – case Study ［J］ . *Research in International Business and Finance*, 2018, 45: 257 – 270.

［223］ Martínez L, and Werner A. The Exchange Rate Regime and the Currency Composition of Corporate Debt: the Mexican Experience ［J］ . *Journal of Development Economics*, 2002, 69 （2）: 315 – 334.

［224］ McCauley R N and Chan T. Currency Movements Drive Reserve Composition ［R］ . *BIS Quarterly Review December*, 2014.

［225］ Meng Q , Li X, Chan K C and Gao S. Does Short Selling Affect a Firm's Financial Constraints? ［J］ . *Journal of Corporate Finance*, 2020, 60: 101531.

［226］ Merton R C. On the Pricing of Corporate Debt: The Risk Structure of Interest Rates ［J］ . *The Journal of Finance*, 1974, 29 （2）: 449 – 470.

[227] Miller S. Information and Default in Consumer Credit Markets: Evidence from A Natural Experiment [J]. *Journal of Financial Intermediation*, 2015, 24 (1): 45 – 70.

[228] Mora N, Neaime S and Aintablian S. Foreign Currency Borrowing by Small Firms in Emerging Markets: When Domestic Banks Intermediate Dollars [J]. *Journal of Banking & Finance*, 2013, 37 (3): 1093 – 1107.

[229] Myers S C and Majluf N S. Corporate Financing and Investment Decisions When Firms Have Information that Investors Do Not Have [J]. *Journal of Financial Economics*, 1984, 13 (2): 187 – 221.

[230] Nance D R, Smith Jr C W and Smithson C W. On the Determinants of Corporate Hedging [J]. *The Journal of Finance*, 1993, 48 (1): 267 – 284.

[231] Niepmann F, and Schmidt – Eisenlohr T. Foreign Currency Loans and Credit Risk: Evidence from US Banks [J]. *Journal of International Economics*, 2022, 135, 103558.

[232] Donnell S W. Managing Foreign Subsidiaries: Agents of Headquarters, or An Interdependent Network? [J]. *Strategic Management Journal*, 2000, 21 (5): 525 – 548.

[233] Ogrokhina O, and Rodriguez C M. The Role of Inflation Targeting in International Debt Denomination in Developing Countries [J]. *Journal of International Economics*, 2018, 114: 116 – 129.

[234] Pagano M, Panetta F and Zingales L. Why Do Companies Go Public? An Empirical Analysis [J]. *The Journal of Finance*, 1998, 53 (1): 27 – 64.

[235] Plumlee M, Xie Y, Yan M and Yu J J. Bank Loan Spread and Private Information: Pending Approval Patents [J]. *Review of Accounting Studies*, 2015, 20 (2): 593 – 638.

[236] Pratap S, Lobato I, and Somuano A. Debt Composition and Balance Sheet Effects of Exchange Rate Volatility in Mexico: A Firm Level Analysis [J]. *Emerging Markets Review*, 2003, 4 (4): 450 – 471.

[237] Prati A, Schindler M, and Valenzuela P. Who Benefits From Capital Account Liberalization? Evidence from Firm – level Credit Ratings Data [J]. *Journal of International Money and Finance*, 2012, 31 (6): 1649 – 1673.

[238] Rajan R G. Insiders and Outsiders: the Choice Between Informed and Arm's – length Debt [J]. *The Journal of Finance*, 1992, 47 (4): 1367 – 1400.

[239] Richardson G, Taylor G and Obaydin I. Does the Use of Tax Haven Subsidiaries by US Multinational Corporations Affect the Cost of Bank Loans? [J]. *Journal of Corporate Finance*, 2020, 64, 101663.

[240] Richardson S. Over – investment of Free Cash Flow [J]. *Review of Accounting Studies*, 2006, 11 (2 – 3): 159 – 189.

[241] Rossi Jr J L. Corporate Financial Policies and the Exchange Rate Regime: Evidence from Brazil [J]. *Emerging Markets Review*, 2009, 10 (4): 279 – 295.

[242] Shapiro A C, Sarin A and DeMaskey A L. Foundations of Multinational Financial Management [M]. Allyn and Bacon Boston, 2009.

[243] Shen C H and Zhang H. What 's Good for You Is Good for Me: The Effect of CEO Inside Debt on the Cost of Equity [J]. *Journal of Corporate Finance*, 2020, 64, 101699.

[244] Sloan R G and You H. Wealth Transfers via Equity Transactions [J]. *Journal of Financial Economics*, 2015, 118 (1): 93 – 112.

[245] Smith Jr C W and Warner J B. On Financial Contracting: An Analysis of Bond Covenants [J]. *Journal of Financial Economics*, 1979, 7 (2):

117 – 161.

［246］ Stulz R M. Optimal Hedging Policies ［J］ . *Journal of Financial and Quantitative analysis*, 1984, 19 （2）: 127 – 140.

［247］ Valta P. Competition and the Cost of Debt ［J］ . *Journal of Financial Economics*, 2012, 105 （3）: 661 – 682.

［248］ Waisman M , Ye P and Zhu Y. The Effect of Political Uncertainty on the Cost of Corporate Debt ［J］ . *Journal of Financial Stability*, 2015, 16: 106 – 117.

［249］ Wang A W and Zhang G. Institutional Ownership and Credit Spreads: An Information Asymmetry Perspective ［J］ . *Journal of Empirical Finance*, 2009, 16 （4）: 597 – 612.

［250］ Wei K D and Starks L T. Foreign Exchange Exposure Elasticity and Financial Distress ［J］ . *Financial Management*, 2013, 42 （4）: 709 – 735.

［251］ Whited T M and Wu G. Financial Constraints Risk ［J］ . The Review of Financial Studies, 2006, 19 （2）: 531 – 559.

［252］ Ye M, Hutson E, and Muckley C. Exchange Rate Regimes and Foreign Exchange Exposure: the Case of Emerging Market Firms ［J］ . *Emerging Markets Review*, 2014, 21: 156 – 182.

［253］ Young M N , et al. Corporate Governance in Emerging Economies: A Review of the Principal – Principal Perspective ［J］ . *Journal of Management Studies*, 2008, 45 （1）: 196 – 220.

［254］ Zhang B Y , Zhou H and Zhu H. Explaining Credit Default Swap Spreads with the Equity Volatility and Jump Risks of Individual Firms ［J］ . *The Review of Financial Studies*, 2009, 22 （12）: 5099 – 5131.

［255］ Zhang X F. Information Uncertainty and Stock Returns ［J］ . *The Journal of Finance*, 2006, 61 （1）: 105 – 137.